本著作系四川省社会科学重点研究基地"四川少年儿童组织与思想意识教育研究中心"一般课题《少先队生命自护活动课程的构建与实施策略研究》（20SZSJYZ-11）阶段性研究成果、成都高新区教育科研课题一般课题《小学生班队生命自护主题活动的开发与实践研究》（GX202040）阶段性研究成果

寄宿制小学"生命自护课程"构建
——基于"三取向五领域"的整合探究

纪 岚 ◎ 等著

吉林大学出版社

·长春·

图书在版编目（CIP）数据

寄宿制小学"生命自护课程"构建：基于"三取向五领域"的整合探究 / 纪岚等著. --长春：吉林大学出版社，2021.4
ISBN 978-7-5692-8126-2

Ⅰ．①寄… Ⅱ．①纪… Ⅲ．①安全教育－课程建设－研究－小学 Ⅳ．①G623.102

中国版本图书馆 CIP 数据核字(2021)第 055691 号

书　　名	寄宿制小学"生命自护课程"构建——基于"三取向五领域"的整合探究 JISUZHI XIAOXUE "SHENGMING ZIHU KECHENG" GOUJIAN——JIYU "SAN QUXIANG WU LINGYU" DE ZHENGHE TANJIU
作　　者	纪　岚　等著
策划编辑	吴亚杰
责任编辑	周　鑫
责任校对	杨　宁
装帧设计	品诚文化
出版发行	吉林大学出版社
社　　址	长春市人民大街 4059 号
邮政编码	130021
发行电话	0431-89580028/29/21
网　　址	http://www.jlup.com.cn
电子邮箱	jdcbs@jlu.edu.cn
印　　刷	四川科德彩色数码科技有限公司
开　　本	787mm×1092mm　1/16
印　　张	14.25
字　　数	210 千字
版　　次	2021 年 4 月　第 1 版
印　　次	2021 年 4 月　第 1 次
书　　号	ISBN 978-7-5692-8126-2
定　　价	58.00 元

版权所有　翻印必究

本书著者成员

纪　岚　张晓兰　古　雪　易巾晶　张　甜
王　婷　秦　胤　李枥舟　李晓兰　周　艳
王　翼　陈陶梅　黄　艳　扈国娟　乔晓星
温　菱　杨洪伟　年六洪　陈海艳

目录

第一章 绪 论 （1）
第一节 研究背景和问题的提出 （1）
第二节 相关概念的厘定与解析 （3）
第三节 研究的思路与方法 （8）
第四节 研究的价值与创新 （16）

第二章 生命教育研究及实践的回顾与反思 （19）
第一节 国内生命教育的研究与实践的演进 （19）
第二节 国外生命教育研究与实践的演进 （24）
第三节 生命教育研究与实践的反思 （30）

第三章 中小学开展生命教育的现实路径分析 （34）
第一节 依托少先队活动开展的生命自护教育 （34）
第二节 依托德育工作开展的生命自护教育 （43）
第三节 依托学科课程开展的生命自护教育 （52）

第四章 生命自护课程的取向与领域 （58）
第一节 生命自护：生命教育的基点与终点 （58）
第二节 三取向：生命自护的价值取向 （60）
第三节 五领域：生命自护的范畴 （66）

第五章 少先队生命自护课程的理念 ……………………（77）
    第一节 少先队生命自护课程的性质 ………………………（77）
    第二节 少先队生命自护课程的时空 ………………………（83）
    第三节 少先队生命自护课程的理论基础 …………………（88）
    第四节 显性与隐性：少先队生命自护课程的构想 ………（91）

第六章 少先队生命自护课程的目标体系 ………………（98）
    第一节 低段少先队生命自护课程的目标体系 ……………（99）
    第二节 中段少先队生命自护课程的目标体系 ……………（101）
    第三节 高段少先队生命自护课程的目标体系 ……………（105）
    第四节 大队生命自护课程的目标体系 ……………………（109）

第七章 少先队生命自护课程的内容体系 ………………（119）
    第一节 少先队生命自护课程的结构与体例 ………………（119）
    第二节 少先队生命自护课程的组织单元 …………………（128）

第八章 少先队生命自护课程的实施 ……………………（184）
    第一节 学校层面：少先队生命自护课程实施的基础与保障 ………
    ……………………………………………………………（185）
    第二节 少先队生命自护课程实施的模式 …………………（191）
    第三节 学生层面：少先队生命自护课程实施的主体 ……（211）

后　　记 …………………………………………………（217）

参考文献 …………………………………………………（219）

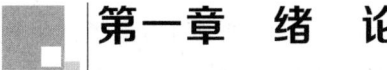

第一章 绪 论

第一节 研究背景和问题的提出

一、研究的背景

(一) 国内外的研究背景

从世界范围来看,美国的杰唐纳·华特士首倡生命教育的思想;澳洲也于1979年成立"生命教育中心";日本早在1989年便明确提出了以尊重人的精神和对生命的敬畏之观念来定位道德教育的目标。在我国,生命教育理念下的自护自救课程也逐渐得到教育界的重视。20世纪末,我国台湾地区教育界将生死教育引入教材,并将其整合为生命教育,旨在阐释生命的可贵及生命应有的尊重。而对于少年儿童的生命教育,近年来从理论和实践上也有不同的诠释。越来越多的学者都感到教育应该尊重生命、关爱生命,而尊重与关爱生命的前提就是培养少年儿童的生命自护意识。2004年,辽宁教育系统在全省启动中小学生命教育工程;同年,上海市出台《上海市中小学生命教育指导纲要》。这说明,我们这一代教育者们开始重视对少年儿童进行自我保护教育,开始重视少年儿童生命存在的意义。

在学校进行的教育教学活动本身就是一种生命教育,而生命自护则是校园内学生活动与行为的正常需要。设置少先队生命自护活动课程,可以解决"少年儿童认识生命"的问题,同时给予学生生命与认知发展同等地位的关注。

（二）少先队生命自护活动课程的构建与实施策略研究的现状

《中小学幼儿园安全管理办法》第五章对安全管理专门做出了详尽规定，要求"学校应当按照国家课程标准和地方设置要求，将安全教育纳入教学内容"；同时，对各有关方面和环节的安全教育工作做出有针对性的规定。少先队生命自护课程是从儿童发展心理学角度出发的，针对儿童进行的自护教育。这对儿童未来一生的发展有着深远的影响。

现今，在新冠肺炎疫情的防控防疫阻击战中，我们对生命自护有了更新的认识，也重新了解了生命的意义。在少先队日常活动中，虽然我们制定了各种各样的规则，但这些规则对于实现儿童的自护自救来说远远不够，只是停留在行为规范和要求上。当我们遇到突发事件时，当我们开始全民抗"疫"时，我们才对生命产生了更崇高的敬畏。这也促使我们开始思考如何对学生进行生命自护自救教育。

在日常少先队活动课程中，我们重视提高学生生命自护的能力，努力增强学生的生命自护意识。在应对突发事件，如地震、火灾等自然灾害和现下的新冠肺炎疫情时，我们应保障学生在校园活动中的安全，确保生命第一、健康第一。

对于少先队生命自护课程的构建，方法和思路还有待深入研究，我们的少先队生命活动课程还需要更多的研发和深究。例如：校园里如何实施和开展生命自护课程？课程中如何渗透生命意义？怎样培养学生的自护能力？如遇突发事件，又如何检验学生对生命自护自救的能力？这些都是我们需要去思考和研究的问题。

以生命为原点，尊重生命的特性，促进少年儿童生命的成长。落实少先队活动的生命自护教育理念，积极开展生命自护教育活动，让学生通过少先队生命自护活动课程的实施，养成生命自护的意识。为了更好地规范学生对于生命自护的行动力和突发事件的处理能力，我们希望通过研究，找到真正有效地实施少先队生命自护活动课程的构建方法与正确的实施策略。

二、研究的问题

1. 对中小学开展生命教育的现实路径是什么？
2. 生命自护课程的取向与领域是什么？
3. 少先队生命自护课程的理念是什么？
4. 少先队生命自护课程的目标体系是什么？
5. 少先队生命自护课程的内容体系有哪些？
6. 少先队生命自护课程如何实施？
7. 少先队生命自护课程的评价模式是什么？
8. 少先队生命自护课程有哪些效果与影响？

第二节 相关概念的厘定与解析

一、寄宿制小学

长期以来，我国农村义务教育资源布局分散、教职员工水平参差，教学质量难以提升是不争的现实。数字显示，2004年之前，西部地区有一师一校点约9万个，占全国校点的80％以上；一些高山、高原、高寒及牧区、半农半牧区和荒漠地区，80％左右的初中生、50％左右的小学生需要寄宿。教育部门推行"寄宿制工程"建设的初衷，正是为了"优化农村教育资源配置，促进城乡教育均衡发展"。"寄宿制工程"的实施，对扩大"两基"攻坚县义务教育规模，保证西部地区学龄儿童正常入学并完成义务教育，是非常必要的。无论是支持者抑或质疑者，都会承认这样一个事实：寄宿制学校建设工程有效改善了一批农村学校的办学条件，对扩大中西部地区义务教育规模、保证中西部学龄儿童入学并完成义务教育起到了积极作用。

随着大规模"撤点并校"，国内农村寄宿制学校已经成为农村学校主体。教育部规划司2011年的数据显示，全国农村中小学生总体寄宿率达到26.6%，全国农村初中生总体寄宿率达52.88%，广西初中寄宿率甚至达88.03%。(《中国教育报》2013年9月26日) 从分散办学到集中办学，固然改善了学校的硬件设施，一定程度上提高了教学质量，但也带来了管理上的诸多问题。著名学者杨东平教授此前撰文指出，农村寄宿制学校的突出问题主要有低龄寄宿影响儿童身心健康、中西部农村的寄宿制学校学生住宿条件较差等。而且，寄宿制学生长期处于缺乏家庭情感呵护及文化生活的封闭校园环境中，在情感、心理和安全等方面容易出现多种问题。

现实也表明，作为一种办学模式，寄宿制学校的有效运行并非"盖房子"那样简单。由于配套政策及投入衔接不力，许多农村寄宿制学校常掣肘于人员编制不足、经费匮乏、管理薄弱等现实困难，进而带来低龄儿童心理健康问题、学生厌学辍学问题。无论对于学校还是家庭，寄宿制都意味着经济成本的增加，这部分成本该如何消化、如何合理分摊，现实中尚需有效探索。

2001年以来，农村义务教育的办学体制逐步由"三级办学，（县乡）两级为主"变为"以县为主"，基层教育管理重心上移意味着管理半径的扩大，也意味着管理成本的提高。对于基层教育部门而言，进行教学网点撤并，推广寄宿制学校，显然符合方便管理的考量。寄宿制学校是否是普适的万能灵药尚存疑问。

从学校的封闭程度划分，寄宿制学校分为全封闭型和半封闭型。所谓全封闭型，是指学生整学期都不能离开学校，一切生活统一由学校组织安排。目前比较流行的"全封闭军事化管理"式的寄宿制学校就是这类学校的典型代表。而半封闭式寄宿制学校则是指学生周内（周一至周五）在学校，周末回家的一类学校。从学校层次看，寄宿制小学、寄宿制中学（亦可再细分为寄宿制初中和寄宿制高中）都广泛地存在于我们周围。根据开办主体进行划分，学校可分为公立、私立以及公办民助等多种形式。按学校所处地域划分，其又可分为城市寄宿制学校、农村寄宿制学校和少数民族寄宿制学校。

随着我国经济的发展，物质的不断丰富，社会架构的变更，交通的越发便利，越来越多的农村孩子到城镇学校就读，他们需要离开父母、亲人，置身于城镇的寄宿学校，每周末才能回家一次，以校为家，成为一名寄宿生。在寄宿制背景下，本研究重视家校合作。家校合作即家庭与学校以沟通为基础，相互配合、合力育人的一种教育形式。家校合作中，学校把家庭教育的时间、空间、资源协同起来，强化教育时空，力求实现"培育小学生自我管理能力"这一目的。通过家校合作，孩子受到来自学校、家庭两方面的教育。这两方面的教育是相辅相成、各显特色的，其终极目的都是促使孩子更好地成长。家校合作对学生的健康成长、家长教育水平的提高以及学校教育环境的优化都具有十分重要的意义。

二、生命自护

安全教育是当今时代最为凸显的价值主题之一。关注"生命安全"是保障安全的前提和基础，也是生命道德价值观的核心。《中国学生发展核心素养》之"健康生活"强调珍爱生命，理解生命意义和人生价值，具备安全意识和自我保护能力等。教科书作为道德与法治课程的重要载体，以其内容的法定性、受众的广泛性、影响的深远性，成为学校开展生命安全教育的重要物质媒介。在此，以统编《道德与法治》三年级上册第三单元"安全护我成长"为研究文本，从"生命安全"的高度展开分析，力求立足课堂实际，观照儿童的现实生活，转变教学"站位"，引领儿童生命健康成长。

据教育部发布的报告显示，全国在 2010 年里共发生了中小学生安全事故、事件 110 起，共造成学生死亡 188 人，受伤 1266 人。其中，溺水和交通事故分别占死亡人数的 43.59% 和 30.36%，成为中小学生人身安全的两大"杀手"。另外，全国各省、自治区、直辖市一年内上报的各类安全事故中，灾难事故（溺水、交通事故、踩踏、一氧化碳中毒、房屋倒塌、意外事故）占 59%；社会安全事故（斗殴、校园伤害、自杀、住宅火灾）占 31%；自然灾害（洪水、龙卷风、地震、冰雹、暴雨、塌方）占 10%。对安全事故进行细分后，溺水占 31.25%，交通事故占 19.64%，斗殴占 10.71%，校园伤害占 14.29%，中毒占 2.68%，学生踩踏事故占 1.79%，自杀占 5.36%，房屋倒塌占 0.89%，自然灾害占 9.82%，其他意外事故占 3.57%。

经过分析研究，这些事故有以下特点：

第一，农村是校园安全事故多发地区。全国各地上报的各类中小学校园安全事故中，27.68%发生在城市，72.32%发生在农村。农村中小学的安全事故发生数、死亡人数和受伤人数都明显高于城市，分别是城市的2.9倍、3.9倍和4.2倍。农村中小学安全事故发生的主要原因是办学条件差、基础设施不完备。另外，师生安全意识淡薄、学校安全管理存在明显漏洞也是导致安全事故发生的重要原因。

第二，低年级学生更容易发生安全事故。全国各地上报的各类中小学校园安全事故中，43.75%发生在小学，34.82%发生在初中，9.82%发生在高中。2006年，小学、初中、高中事故发生数比为4.5：3.6：1，死亡人数比为6.6：4.8：1，受伤人数比为7.4：4.7：1。相对于高年级学生，低年级学生的生活经验和安全知识都比较欠缺，安全意识相对淡薄，自我防护能力也比较差，这是导致低年级学生安全事故多发的主要原因。

第三，校园伤害事故增多。在全国各类事故中，有25%的安全事故发生在学校内部，主要是校园伤害和学生斗殴。其中，校园伤害占56%，主要包括绑架、爆炸、持刀伤害、放火、性侵犯等安全事故。

第四，节假日是事故多发期。暑假和周末等节假日及其前后是溺水、自杀等事故的集中多发期，全年有36%的中小学生安全事故发生在暑假和节假日。另外，全年有89%的事故发生在白天，主要有交通事故、溺水事故、校园伤害事故、踩踏事故和学生斗殴等；有11%的事故发生在晚上。

第五，事故多发地点主要集中在上下学路上、江河水库和学校及周边。各类中小学生安全事故中，有32%发生在学生上下学路上，其中以交通事故为主，也包括个别强奸、学生斗殴等事故；有39%发生在学校里，其中以校园伤害和学生斗殴为主，另外还有少数踩踏、房屋倒塌、一氧化碳中毒等事故；有24%发生在江河水库和公路，其中以溺水事故为主，包括个别发生在非学生上下学路段公路上的交通事故；有5%发生在学生家中，包括个别学生自杀、一氧化碳中毒、火灾等事故。年轻的生命是那样美好，那样灿烂。一旦遭遇安全事故，伤痛、残疾都会使生命蒙上阴影，而死亡更是生命的悲剧。为了减少悲剧，我们有必要警觉起来，从我们自已做起，避免那些危及生命的隐患酿成灾难。

2018年5月15日，《教育部办公厅关于防范学生溺水事故的预警通知》印发全国，再次要求"各地教育行政部门和学校要按照预防溺水有关工作要求，切实落实安全责任，结合当地水文、水情特点，做好安全教育、联防联控和监督检查等工作，有效防范学生溺水事故发生"。

因此，我们将把生命自护课划分为生命历程、自护习惯、突发事件应对和身心健康建设四个方面，体现的是人类在生存活动中的自我保护和自我修护过程。少先队生命自护就是依托少先队组织，对少先队员开展生命自护课程的教育教学活动，包括对身体和生命的认识与尊重，对心理和行为的保护与修护，对信念的启蒙与塑造。

三、课程构建

课程的含义有广义和狭义之分。广义的课程指为了实现学校的培养目标而规定的所有科目（即教学科目）的总和或指学生在教师指导下各种活动的总和，如中学课程、小学课程。狭义的课程指某一门学科，如数学课程、生物课程等。于是，狭义的课程就同教学科目（学科）成为同义语了。

随着相关学科的发展和对课程本质的深入研究，课程的内涵已发生了深刻的变化。课程已不仅仅指那些明确陈述的、外显的、正式的教学和教育的内容，即显性课程；也包括那些并非用言语陈述的潜隐的、非正式的、对学生发生潜移默化影响的教学内容，即隐性课程。课程不仅包括按课程表所组织起来的全部课内教学内容，也包括配合课内教学所组织的各种课外教学内容；课程不仅局限于各种科目静态的集合，还包括对学科教学顺序、进程、时限等方面的统筹安排。至此，可以概括地说：课程就是指学校为实现教育目标而选择的教育内容及其进程安排的总和，它包括学校所教的各门学科和有目的、有计划的教育活动。

少先队生命自护课程构建遵从课程理念，即生命自护是人类在生存活动中的自我保护和自我修护的过程，包括以下三个方面。一是对身体的保护和护理，具体追求对自我身体的认知、情感和正确的行为；二是对心理

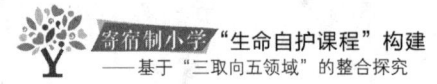

的保护和护理，具体追求对心理的自我认知和积极情感的养成以及与之相对应的正确的行为；三是信念的初步形成，具体追求对组织、人民、国家的正确认识与认同。课程目标、课程内容、课程管理以及课程评价四个方面体现了课程的四要素，即目标、内容、实施和评价。

第三节　研究的思路与方法

一、研究思路

目前，我们的学校教育对个体生命的关注度不够，重视学生的成绩甚过于个体生命的存在需要，学校教育深陷本末倒置的困境。师生作为教育活动的生命体，其个体的生存方式与生命质量的被忽视与受压抑，体现了学校教育漠视生命的整体状态，关注人的生命和生命价值是教育的目标之一。当代我国生命自护教育的缺失所引起的现实问题已不容忽视，生命自护教育需要全社会的广泛支持和重视。小学阶段作为人一生中接受正式教育的开端，领悟和理解生命的真谛、形成正确的生命意识是必要的。而引导小学生形成这种意识也是教育工作者义不容辞的责任。小学生的认知发展尚未完全，但该年龄段却是人一生中价值观念形成的初期阶段，左右着小学生价值形成的大方向。

生命自护教育起始于学校，落实于家庭和社会。在生命自护教育开展的初始阶段，学校教育发挥着重要作用，而"授课"是其主要途径之一。因此，探讨生命自护教育课程的研究方法就显得非常必要，而生命自护课程的设计就是研究方法的重点。

生命自护教育课程的设计方式主要有两种：渗透课程和单一课程。渗透课程是将生命自护教育的基本内容融入各门课程，如将其融入语文、外语、美术、音乐、科学、体育、心理健康等课程中，通过各门课程的教学活动来开展生命自护教育。单一课程是将生命自护教育的基本内容编制为专门的课程，如悲伤教育课程、死亡教育课程及生涯规划课程等。事实上，渗透课程和单一课程是任何课程设计都不可能超越的两种基本形式。但是，生命自护教育的课程设计却有其独特的要求。

（一）渗透课程与单一课程间的两难抉择

渗透式生命自护教育课程是将生命自护教育的基本内容融入本国或本地区的主修课程中，使生命自护教育成为日常教育教学活动的重要组成部分，成为学生的日常学习行为。如德国就将"为死所做的准备教育"融入宗教课程中。德国宗教课程从小学（六年）、中学（三年）延续至高中（四年），共有13年的课程，这就使生命自护教育课程成为"十三年一贯"的重要课程。而且，德国中小学每周必有两小时的宗教课程。尽管没有做硬性要求，但几乎所有的孩子都参加了这门课程的学习。于是，这种生命自护教育课程就具有了诺丁斯所说的"连续性"。

连续性的生命教育课程，一方面可以满足学生对连续性、稳定性的需要，有助于学生对其产生感情，从而产生学习兴趣，自主学习；另一方面，连续性的课程可以产生耳濡目染和潜移默化的作用，使学生在不知不觉中领会生命教育的精髓，从而将其内化为自己的思想。这可以说是渗透式生命自护教育课程的第一个优点。

渗透式生命教育课程的第二个优点是，将生命自护教育的基本内容融入各种不同学科中，"学生可以体验一个有系统、完整的观点，就好像看到一道七彩颜色的彩虹，在整体中又看到不同的差异"。它可以帮助学生从不同角度获得知识，让学生从自己喜欢的维度、以自己擅长的方式去思考生命问题。同时，"不同课程的教师之间要有很好的沟通和协调，学生可以从不同专业背景的教师身上，获得对生命自护这个议题更多的启发"，从而有助于学生对生命形成一个全面的认识。然而，渗透课程的缺陷也显而易见，它缺乏连贯性，不能为学生提供一个具有逻辑顺序的知识体系。尽管如此，从国外开展生命自护教育的情况来看，只要这些课程的任课教师能相互协调，教育教学效果就可以在某种程度上得到改善。因此，渗透课程是开展生命自护教育比较理想的课程。

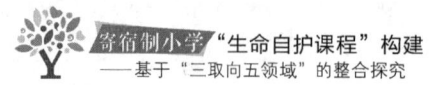

（二）单一生命自护教育课程的设计

单一生命自护教育课程相对于渗透式生命自护教育课程来说，最大的优点就是连贯性，它将生命自护教育的基本内容系统、完整地呈现出来。尽管在目前这种认知本位的课程体系中，单一生命自护教育课程也可能落入认知本位的窠臼，但就目前的教育现状而言，无论如何，相对于渗透式生命自护教育课程来说，单一生命自护教育课程更能引起人们对生命自护教育的重视，也更可能将生命自护教育的基本内涵落实。所以，尽管单一生命自护教育课程也有诸多不足，但它仍然是我们目前开展生命自护教育比较理想的选择。以下着重探讨单一生命教育课程的设计。

1. 课程的设计主体

在设计生命自护教育课程之前，首先需要确定课程设计主体。

鉴于以下两个主要原因，生命自护教育课程的设计最好由各个学校来完成。第一，生命自护教育的特殊性决定了生命自护教育课程的设计主体最好是学校。因此，各个国家或地区生命自护教育的实践取向也存在显著差异（如有的偏重死亡教育，有的偏重生涯规划教育，有的偏重伦理教育，有的则偏重宗教教育等），这一点成为生命自护教育区别于其他教育的最显著特征之一。生命自护教育的这一特殊性决定了生命教育课程要"因地制宜"。我国的城市和农村、东部和西部在经济、文化等方面存在显著差异，其所存在的问题也千差万别，而每个地区中的学校因社区环境、办学条件以及师生文化等方面的差异，其所存在的问题也不一而足。因此，生命自护教育的课程比较适合由学校自行设计。第二，我国课程改革的现状也决定了生命自护教育课程的设计主体最好是学校。新课程改革的要点之一是"三级课程管理体制"的确立。在这一体制中，"国家对课程进行宏观调控和指导，并就最基本方面做出统一规定；地方在此前提下对本地区课程进行决策和管理；学校则进行校本课程的开发与管理"。可以说，在国家和地方的指导下，学校开发和设计课程成为新课程改革的目标之一。而且，现实中学校如何开发和设计课程也成为大家瞩目的焦点。现在，已经有不少学校开始行使这一自主权。这种情况下，如果由国家或地方来设计"针对性"极强、需要"因地制宜"的生命自护教育课程，很可能不会引起学校的共鸣,更可能使生命自护教育流于形式。因此,我们认为,生命教育的课程设计比较适合由学校完成。

2. 课程的设计过程

课程设计是指"课程所采用的一种特定的组织方式,它主要涉及课程目标以及课程内容的选择和组织"。可以说,课程设计基本上包括两个大步骤,第一是设定课程目标,第二是选择并组织课程内容。生命自护教育校本课程的设计也不例外。学校在设定生命自护教育的课程目标时,首先需要对学校内部、外部环境进行分析。一是因为"校本课程指的是学校根据自己的教育理念,在对学校学生的需求进行系统评估的基础上,充分利用当地社区和学校的课程资源,通过研讨、设计与专业研究人员或其他力量合作等方式编制出的多样性的、可供学生选择的课程"。校本课程的这一本质决定了生命自护教育的校本课程设计必须首先分析学校内、外部环境。二是因为"每一所学校都是不同的,从一所学校获得的环境分析结果不能照搬到另一所学校。只有了解了本校的环境,才能开发出适合本校环境的课程"。所以,学校设定生命自护教育的课程目标时,首先需要分析本校内部、外部环境。分析学校外部环境,主要目的是了解社会、社区和家长的现状及其对学校的要求;分析学校内部环境,主要目的是了解师生的现状、学校可供利用的资源、现有课程中的不足以及学校自身需要解决且可能解决的问题等。详细了解学校情况之后,就需要根据学生的年龄特征、生长环境、文化背景以及学生对生命及其价值、意义等的了解,确定本校生命自护教育课程的目标。需要说明的是,由于开展生命自护教育的目的是帮助学生认识生命的意义、尊重生命的价值、懂得基本的自护自救、发展个人独特的生命、实现天人物我共融共存的和谐关系,而这个目的中的许多要素都是内隐的、不能测评的,而且它整合了人的知情意行等各个方面,反映的是整体状态,所以,撰写生命自护教育的课程目标时,"应该使用概念化的词语,如能力或心灵状态——技术、知识或态度等,而不是使用行动、行为、学习活动或测试项目等词语"。虽然以行动、行为、学习活动或测试项目所表达的课程目标尽管比较具体,而且可操作,但是,依这种目标设计的课程容易强调那些可以明确识别的要素,而忽视那些不易辨别的、很难测评的、很难被转化为行为的内容,且这种课程把

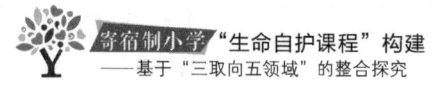

学习分解为许多独立部分,不利于学生完整个性的发展。课程目标设定后,就要根据目标选择并组织课程内容。我们认为,生命自护教育内容最好源于学生的生活实际,因为"生命自护教育就是一种'生活'课程,打从一个人生命诞生开始,便会去面对的一个重要议题。因此,无论是媒体每天所报道的社会事件或是学生在家庭及学校中所实际遇到的生命自护课题,都会是生命自护教育课程规划的内容"。但是,源于生活并不等于生活。生命自护教育的课程内容源于学生的生活实际,是说生命自护教育的课程内容要与学生的日常生活相联系,它应是每个学生在日常生活中能够真实感受到的问题、切实经历过的事情;但它不是每个学生的具体生活事件,而是经过加工的"生活实际",具有一种普遍性。这些内容的组织,无疑应以"生命"为核心,但却不应以认识生命为重心。我们目前的课程在这方面已做得很"成功",它已教会学生如何分辨动植物的种类及其身体结构,也已教会学生"叙述"生命的价值和意义。但它却没有培养学生珍惜生命的态度以及爱护生命的习惯,也没有教会学生如何创造生命的价值,从而实现生命的意义。因此,在组织生命自护教育的课程内容时,应以"生命自护"为核心,以"认识生命、欣赏生命、尊重生命、爱护生命、自护生命、创造生命的价值"为主线,将这几部分不仅贯穿于整个生命教育的课程体系中,而且将其渗透于生命自护教育课程的各个组成部分。组织生命自护教育的课程内容时,应遵循以下两个原则。第一,内容的衔接性原则。衔接性是指对应于不同学龄阶段的课程内容要具有连贯性。尽管从我们所收集的资料来看,尚无哪个国家或地区在学前就开展生命自护教育,但不可否认,学生进入学校前,已通过家庭或其他途径对生命有了一定的看法,并形成了特定观念。这些观念作为学生的先验知识,定会对其日后的学习产生影响。所以,生命自护教育的课程内容一定要建立在学前儿童已有经验基础之上,也就是建立在学生学前教育基础之上。从横向来看,衔接性是指学校课程内容要与学生的社会生活(包括当前生活和未来生活)相关联。如前所述,生命自护教育是一种"生活"教育,是贯穿于人一生的教育,所以,学生当前和未来的生活不仅应成为其出发点,而且应成为其归宿,表现在课程方面就是课程内容要与学生的当前和未来生活相衔接。第二,呈现形式的多样性原则。一般来说,课程常见的表现形式有学科课程、活动课程、综合课程和核心课程四种。四种形式的课程各有利弊，这已为众多研究者所证实，笔者不再赘述。我们只是认为，学校在设计生命自护教育课程时，不应贪图方便而简单沿袭传统，一律采用学科课程的形式，而应结合学校和社区的资源、学生的现实情况、生命自护教育课程的目标及具体内容，采用多种形式相结合的方式来呈现课程。学校通过分析内、外部环境，确定本校生命自护教育课程的目标，选择并组织生命自护教育课程的内容，完成生命自护教育课程的设计。

二、研究方法

儿童对生命的正确认识、对社会和环境的感知、对科学生活知识的了解、对自护自救基本方法的掌握，都需要在教学活动中加以学习和渗透。

（一）随机教育中渗透儿童安全自护意识

随机教育是指对教育过程或日常生活中偶然发生的事和事先不可预料的事，给予正确的、科学的解答并能产生积极影响的教育。随机教育的契机，无处不在，无时不有。把握一个特别有意义的随机事件，就等于获得了一次实施教育的极好机会，虽然这种机会的出现常常具有偶然性、突发性，不是经常碰到的，但只要我们善于去捕捉那些稍纵即逝的机会，并及时引导、教育学生，就可以收到事半功倍的效果。

（二）常规教育中强化安全自护意识

培养儿童的安全自护意识应从培养其良好的常规习惯开始。首先要儿童明确一日生活中各个环节、各项活动的具体要求，指出安全隐患和危害性，让他们知道怎样做才对，怎样做不对。孩子年龄小，自觉性和自制能力都比较差，而习惯的养成又不是一两次教育就能奏效的。因此，教师除了提出要求和教给孩子方法外，还应注意监督和检查，经常提醒，使孩子良好的习惯不断得到强化，逐步形成自觉的行动。另外，对于运动规则生活制度及集体纪律等，学校都应利用适当的时机加以引导教育，使儿童从中学会正确分析情况，避免伤害，遇到紧急情况时能躲闪或请求救援以保

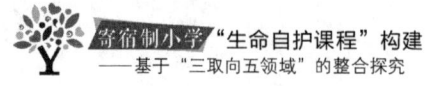

证自己的安全。

（三）环境创设中宣传安全自护行为

学校的环境不仅能起到美化作用，而且可以为儿童提供学习、交流的机会。我们要注意合理利用校园环境资源来渗透安全教育，让儿童在环境中提高安全意识，懂得生活中常见的安全防护措施。一是设置安全标志。在校园楼梯两边的墙面上画上各种各样的安全标志，在丰富儿童安全常识的同时，提醒儿童注意安全。二是开辟安全教育宣传栏。各班可以在宣传栏中专门设置安全教育知识栏目，并定期更换安全教育内容，以达到安全教育的目的；定期绘制安全教育等墙报，让儿童在欣赏色彩鲜艳的版画、学习朗朗上口的儿歌、阅读浅显易懂的故事的过程中，了解安全知识，提高自护能力。三是创设安全教育小画廊。让儿童做学校环境的小主人，运用所学的绘画技能，表达自己对生活的认识。例如，"消防安全组画"等绘画活动不仅发挥了儿童的主体性，又为儿童分享经验提供了平台，拓展了儿童的学习空间，强化了儿童的安全意识。

（四）主题活动中开展安全自护教育

儿童安全自护教育是学校工作中的重要教育工程，我们要持之以恒地将其作为一项课题深入研究下去，不断探索，不断总结，才能有的放矢，取得成效。学校要根据儿童不同的年龄特点，开展丰富多彩、生动形象的安全教育活动。如：以交通安全、消防安全为主要内容，开展"安全过马路""有趣的交通标志""过街要走人行道""火灾现场如何安全逃生"等安全教育活动，通过图片展览、讲故事、朗诵儿歌、做游戏、观看动画等活动，让儿童了解交通、消防等安全常识，不断扩充儿童的安全防范知识。此外，还可以让儿童通过自身观察，寻找和发现周围生活中的危险源，并把危险的地方记录下来，设计安全指示标志，当好安全小卫士，提醒大家注意安全。

（五）在家园共建活动中明确安全自护的重要性

儿童除了在学校学习以外，大部分时间都是和家长在一起的，家长在孩子的日常生活中对孩子的影响是潜移默化的。家庭是学校重要的合作伙伴，学校应本着尊重、平等、合作的原则，争取家长的理解、支持和主动参与，并积极支持帮助家长提高教育能力。因此，与家长保持沟通，使家长认同学校的培养要求和教育策略，尽可能地吸引家长共同参与，对培养儿童安全意识、提高儿童自我保护能力有着至关重要的作用。在家园共建活动中，围绕儿童安全意识和自我保护能力方面的培养过程中，可以有意识地要求家长做好以下几个方面的工作。

第一，为孩子创设安全的家庭环境。例如，药品是孩子经常接触到的物品，包装精美的药品很可能让孩子误以为是好吃的糖而将其吃进肚子里。所以，家长应把药品放在孩子接触不到的地方，避免孩子误食；家里的电源插座的安装高度要在一米以上，让孩子接触不到才行；开水也是孩子经常可以接触到的，每年烧烫伤患者以5岁以下的孩子居多，且80%烧烫伤造成的影响是终身难以消除的。家长切记要把开水放在孩子接触不到的地方。

第二，向孩子进行安全意识教育。孩子年幼无知，没有生活阅历和经验，他们不知什么事情能做，什么事情不能做。有时候，他们还偏偏喜欢做一些危险的尝试。例如：地上有个水坑，他不绕道，偏要往水坑里跑，袜子鞋子弄湿了，还觉得开心。家长若要真正说服孩子，就应经常向孩子进行一些安全意识教育，通过听故事、看电视以及让孩子亲眼所见由于不注意安全而导致灾难的事例，使孩子接触到某些简单的社会经验，进而向孩子提出一些简单的安全规则并讲清其原因。通过这些教育，使孩子明白做危险事情的后果，理解家长的限制是对自己的爱护，同时在无形中增强了孩子的自我防范意识。

总之，安全问题关系儿童的生命，牵动着广大家长的心，是学校工作的重中之重。但儿童安全意识的培养不是一朝一夕、立竿见影的事情，需要我们教育工作者、家长乃至整个社会形成合力去精心呵护。

第四节 研究的价值与创新

一、研究的价值

（一）学生学习少先队生命自护课程后，能学会保护自己与他人，能加强安全防范意识与自护能力，从而健康全面地成长

生命自护，是让人类在生存、繁衍和发展的历程中，在生活、生产实践过程中遭遇危机时，为保障人类自身安全、克服危机造成的伤害而形成的自救和救护他人、保护自己和保护他人的一种本能的安全生存意识、技能、手段和方法。

生命自护，最根本的价值目标是"懂得珍爱生命，即教会少年儿童怎样在突发危机前保护自己"。少年儿童年龄小，他们对社会了解得不够深刻，安全意识普遍不高，容易被迷惑。开展生命自护课程就是要大力加强其安全防范意识和自护能力，使其能自觉维护自身以及他人的生命安全。

生命自护，其实也是一种对少年儿童的生活教育。开展少先队生命自护课程，就是要教会他们直面困难和挫折，培养自己的责任感、独立性以及自理能力，增强其承受困难和压力的信心与勇气，从而促使他们健康全面地成长。

（二）开展少先队生命自护课程的研究，能弥补"生命自护"领域的理论成果

当今时代，各学校都能意识到，让学生掌握"生命自护"的策略具有重要的现实意义。各学校希望系统地开展生命自护课程，但目前该研究领域暂时没有可供参考的范本。尤其是在与"少先队"属性相结合后，生命自护课程的特殊性更加凸显。因此，"生命自护"相关研究的理论成果不仅在该领域具有一定的现实意义，而且能为有意愿开展该类课程的学校提

供参考。

（三）开展生命自护课程的研究，助力于学校"感恩生命，欣赏成长"理念下的德育课程体系构建

了解生命价值，倡导全社会"生命至上"的价值观，为少年儿童的平安未来做出努力，让他们懂得敬畏生命，实现对生命历程的关注，完善小学生身心健康标准以及突发事件应对策略。在研究少先队生命自护课程的构建与实施策略中，我们通过分解内容维度，进行相关内容的活动课的设计与开发，制定课程实施策略。

二、研究的创新

（一）选题创新

选择"生命自护"作为研究课题，在当今时代很有必要。同时，关于"生命自护"，目前在各研究领域的理论成果几乎是空白的。笔者认为，如果从生命历程的研究、自护习惯的研究、突发事件应对的研究、身心健康建设的研究四个方面进行课程内容的构建，能够弥补"生命自护"内涵的不足。

（二）理论创新

在生命教育理论和学生自理能力培养的基础上，结合当下突发事件频发的社会背景，通过少先队生命自护活动课程的研发，探索提升学生的生存自护能力的方法，帮助学生树立正确的人生观。可以尝试从培养习惯入手，帮助学生树立正确的生命态度；扩充生命自护游戏课程；提升生命安全预警能力和应变能力；树立欣赏自己、尊重生命的人生观等理论体系，试图得到完整的少先队生命自护教育的认知。

（三）实践创新

《少先队生命自护活动课程的构建与实施策略研究》着力于课程内容

遴选、课程设计和方法指导的研究,力图将生命自护课程从讲解知识、传授经验的现状转变为重操作体验、培养习惯、激发内在动力的实践教学,真正改变教师面对生命自护课程繁多的知识、技能、案例却不知该从何处入手;学生听完生命自护讲座后明白了许多道理却在遇见突发事件时茫然无措;过分依赖专业人士的讲座等生命自护课程的纸上谈兵窘状。

(四)方法创新

我们将"少先队"与"生命自护"相结合,创设课程,并建立一套完整的课程体系;从课程的目标体系建立,到内容体系的完善,再到课程实施的模式与评价体系的建立,亦有一套可供操作的方法。

(五)成果的创新

该研究将形成研究成果《寄宿制小学"生命自护课程"构建——基于"三取向五领域"的整合探究》专著,补充该研究领域成果的空白。同时,我们还将形成一套具有我校特色的生命自护课程的校本教材,每一学年在各年级推广。

第二章
生命教育研究及实践的回顾与反思

第一节　国内生命教育的研究与实践的演进

中国的生命教育首先在香港、台湾等地区开展。香港的生命教育主要围绕四项内容开展，即人与人、人与他人、人与环境和人与宇宙。其终极目标是使学生能有积极的人生态度，能从容地面对生活中的挑战。我国台湾地区的生命教育是全人教育，为了解决校园暴力和自杀问题，将生命教育引入学校，从而帮助学生树立正确的人生观、价值观、生死观，使学生了解生命的意义。20世纪90年代，生命教育在传入中国大陆之后，引起了众多学者的关注。

一、生命教育在国内的兴起

在国内，最先开始关注"生命"及其与教育的内在关系的是叶澜教授，她主张"从更高的层次——生命的层次，用动态生成的观念，重新全面地认识课堂教学，构建新的课堂教学观"，"让课堂焕发出生命的活力"。20世纪90年代中期，"生命教育"一词在国内出现，当时主要是将环境教育、安全教育等视为一种生命教育。

近十年来的道德教育理论和实践在一定意义上也是围绕生命教育的主题展开的。近年来，越来越多的学者感到教育应当尊重生命、关爱生命，并提出了一些生命教育的见解。一些学校还结合远离毒品、预防艾滋病、抵制不健康网络以及生存安全等尝试开发了"热爱生命"的课程。

2004年12月，辽宁省启动了中小学生命教育工程，制定了《中小学生命教育专项工作方案》，以此作为未成年人思想道德建设工作的有效载

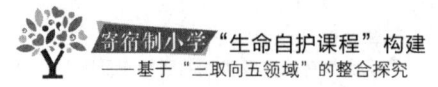

体；2005年5月，上海市颁布了《上海市中小学生生命教育指导纲要》，将生命教育纳入国民教育总体规划，着手构建12年一贯的中小学生命教育科学体系；同年，湖南省也出台了《湖南省中小学生命与健康教育指导纲要》。这些举措标志着国内的生命教育已经进入实践阶段。

二、生命教育的内涵

学者们对生命教育内涵的研究比较重视，但尚未形成一致看法，概括起来主要有以下三种不同的观点：

（一）侧重于建构生命教育的体系

王北生、赵云红认为，生命教育依据生命的特征，遵循生命发展的原则，以学生自身潜在的生命基质为基础，通过选择优良的教育方式，唤醒生命意识，启迪精神世界，开发生命潜能，提升生命质量。生命教育重视人的心灵的培植，重视人完整精神的建构，重视人健全人格的培养，是一种有着深厚哲学根基、蕴含人生大智慧的教育。李萍提出，生命教育是一种以寻求人的生命本体为基础，以尊重人的生命的尊严和价值为前提，以人的生命的整体性、和谐性发展为目的的教育。生命教育必须把握三个维度：生存价值与生活意义相统一的维度；物质追求与精神追求相平衡的维度；个体发展与社会发展相协调的维度。刘慧认为，生命教育是指回到生命之中、遵循生命之道、关爱生命、生命有爱的教育，成为优质的自己是它的价值追求，关爱生命是它的主题，生命叙事是它的主要存在方式。

（二）侧重于生命教育的具体内容

王学风认为，学校生命教育是指通过对中小学生进行生命的孕育、生命发展知识的教授，让他们加深对自己的认识以及对他人的生命抱珍惜和尊重的态度，并让学生在受教育的过程中培养对社会及他人，尤其是残疾人的爱心，使中小学生在人格上获得全面发展。文雪认为，生命教育就是认识生命、敬畏生命、尊重生命、热爱生命。具体来说，生命教育包括人与自己的教育、人与他人的教育、人与环境的教育、人与自然的教育、人与宇宙的教育。程红艳把生命教育定义为以学生的生命活力为基础，关注学生生命，遵循生命发展原则，旨在形成学生健康的生命态度的教育。万玉认为，关注个体生命的教育必将从尊重生命开始，并不断追求对生命的完善与超越，同时要特别重视一直被忽略的个体对生命的体验，即尊重生命、完善生命、超越生命、体验生命。

有的学者将其内容分为三个层次。许世平提出，生命教育包括生存意识教育、生存能力教育和生命价值升华教育三个层次。这三个层次相互联系、相互渗透，应随着时代的发展变化而不断注入新的内容。只有这三个层次的教育都发展了，它们才能构成一个有机的整体。张振成则认为，生命教育的内涵应该有三个层次：认知、实践、情意。其通过相应的"知、行、思"发展其效果。彭爱波也认为生命教育有三个层次，分别是珍爱生命、自我发展和自我实现。

（三）认为生命是一种价值追求

张美云探究了一种新的生命教育理论，一种涉及认识、关系、价值三个层面的生命教育理论。她认为，生命教育是教育的一种价值追求，其内涵基本上由"生命"决定，所以，应该从生命的特征（亲在性、有限性、意义性和更新性）以及生命存在的领域（自然领域、社会领域和精神领域）来探讨生命教育的内涵。张锐、高琪则认为，生命教育的内涵是关注人的生命，关注人的生命存在的价值，还包括理解生命、保护生命、热爱生命、尊重生命以至敬畏生命，帮助学生认识自己的生命并尊重他人的生命，进而珍惜人类所共同生存的环境。彭爱波指出，我国台湾地区教育理论界认为生命教育是一种价值性的活动，死亡教育是生命教育最明确的内涵。生命教育通过特定的教育活动，使学生认识生命的真正价值，认识真、善、美，净化心灵，使学生在人格上获得全面发展。

三、生命教育的目标

辽宁省生命教育工作的目标是，引导学生认识自己生命的独特性、生命的可贵和人与自然的关系，感受生命的喜悦，体验生命的意义，树立正

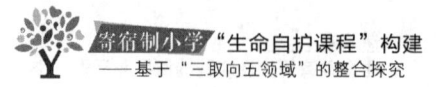

确的人生观和价值观，使学生正确认识生死悲欢，珍爱生命，乐观向上，积极参加社会实践活动。上海市生命教育实践目标是帮助学生建立生命历程中生命与自我、生命与社会、生命与自然的和谐关系；形成健康的生活方式与思维方式，培养学生的生命安全意识与技能；懂得个人是社会的一分子，个人生命质量与社会发展水平密切相关，尊重生命的多样性，热爱自然，保护自然环境。

具体而言，生命教育的目标可以分为三类：

（一）层级性目标

我国台湾学者郑崇珍认为，生命教育的目标包括三个层级：最基础目标——珍爱生命，活得有尊严；第二阶层目标——发展生涯，建构生命愿景；最高目标——自我实现。冯建军认为，生命教育的目标，基础层面是教人珍爱生命，更高的层次则在于教人体悟人生的意义、追求人生的理想。

（二）全面性目标

罗楚春认为，生命教育的目标包括：第一，学生——认识生命的意义，规划生命愿景，实现自己的计划。第二，教师——将生命教育融入各科教学，焕发学生的生命活力，通过教育教学研究，主动讨论生命教育的方法与策略。第三，学校——形成以生命教育为核心的理念，制订生命教育实施计划，全面、持续地开展生命教育研究，建立关怀生命的校园环境和文化。

我国台湾学者孙效智认为，应该通过隐性与显性的生命教育课程来整合人生哲学、宗教教育与道德教育的三大内涵，最终实现两个目标：第一，生命意义、目标与理想的探问与追求；第二，成熟的道德思维与择善能力的培养。

（三）具体性目标

我国台湾学者钱永镇提出，生命教育有三个具体目标：第一，帮助学生建立适切的人生观；第二，指导学生认真过生命中的每一天；第三，引导学生活在当下，掌握此时此刻。

四、生命教育的内容

廖晓萍等认为，学前教育阶段的生命教育重在让幼儿认识和尊重生命，肯定自我价值，培养一颗感恩的心，勇敢面对挑战，努力关注并照顾自己、他人和世界。

2005年5月颁发的《上海市中小学生生命教育指导纲要》指出，生命教育要形成各学段有机衔接、循序递进和全面系统的教育内容体系。小学阶段着重帮助和引导学生初步了解自身的生长发育特点，初步树立正确的生命意识，养成健康的生活习惯。初中阶段着重帮助和引导学生了解青春期生理、心理发展特点；掌握自我保护、应对灾难的基本技能；学会尊重生命、关爱生命、悦纳自我、接济他人；养成健康良好的生活方式；学会欣赏人类文化。高中阶段着重帮助学生掌握科学的性生理与性心理知识，引导学生形成文明的性道德观念；培养对婚姻、家庭的责任意识；学会用法律和其他合适的方法保护自己的合法权益；学会尊重他人、理解生命、热爱生命；提高保持健康、丰富精神生活的能力，培养积极的生活态度和人生观。

对于大学阶段的生命教育，陈晶认为，重在使大学生能够正确地看待生命现象，既认识到生命的伟大与崇高，又认识到生命的脆弱与无助，既了解人类生命的价值，又了解自然界中其他生命的意义，教育大学生以平等的眼光看待世间万物，以敬畏的心理善待一切生命，以负责的态度关爱自己和他人的生命。

同时，也有许多研究者对生命教育的内容进行了层次划分。冯建军认为，生命教育的内容应该从五个维度展开：第一，人与自我关系的教育。认识自我生命的意义和价值，珍爱自己的生命，能够进行自我心理和情绪的调控，规划人生的发展进程，开发生命的潜能，不断地超越自我、实现自我。第二，人与他人关系的教育。理解"人是一个共在体"以及他人的存在对自己生命的意义和价值，学会尊重他人、关怀他人，具有宽容的意识，尊重人与人之间的差异，创造一个和谐的人际环境。第三，人与社会关系的教育。作为一个社会性的存在，个体生命首先要社会化，适应社会的要求，学会处理个人与社群、集体的关系，既要维护个人的正当权益、权利、自由，又要维护公共的道德和集体的利益，树立社会关怀和正义感。第四，人与自然关系的教育。大自然是人赖以生存的环境，自然界的其他物种都是与人类息息相关的"朋友"。因此，我们要具有一种民胞物与的情怀，尊重生物的多样性，珍惜周遭的自然环境，保持自然生态平衡，追求可持续发展，创造一种天人合一的境界。第五，人与宇宙的关系教育。从终极意义上说，生命以死亡为终点。但人正因为有死亡，短暂的人生才要活出意义。所以，生命教育教人思考死亡的意义，探索人类存在的价值，确立自己的人生信仰，努力创造自己灿烂的人生。同时，要认识国家、世界的伦理，关心人类的危机，树立地球村的观念。

许世平认为，生命教育的内容主要包括三个层次：生存意识教育、生存能力教育、生命价值升华教育。任丽平认为，生命教育的内容可分为三个层次：认知层次、实践层次、情感层次。

综上所述，国内对生命教育的研究主要采用现实的角度和理性的思辨，大多是从生命伦理学、医学伦理学等角度探讨生命的存在、意义与价值，或是停留在对西方生命教育的引进与诠释方面，理论与实践领域仍有很大的发展空间。

第二节　国外生命教育研究与实践的演进

一、国外生命教育研究

（一）生命教育的概念

对于人和生命的关注早在古希腊时期就已经开始。经过漫长的岁月，20世纪60年代末，美国学者杰·唐纳·华特士在总结前人思想的基础上提出生命教育理念和生命教育对人的关怀。它是一种全人教育，主要是帮助人们理解生命、珍惜生命、尊重生命，实现个体生命价值，活出有意义的人生。

（二）社会根源

"生命教育"一词原本是在美国20世纪60年代作为社会中的吸毒、自杀、他杀、性危机等危害生命的现象的对策而出现的，起初是死亡教育的形式。

生命教育是在美国社会出现的种种负面现象的现实背景下，在死亡教育不断拓展和深入的基础上出现的。美国社会种种反生命和消解生命的现象，正是生命教育提出和发展的社会根源。

（三）追溯生命教育

1964年日本学者谷口雅春出版的《生命的实相》一书，已经涉及生命教育的重要性。不过，他没有明确提出生命教育的概念。如果再往前溯，生命教育还可追溯到1903年法国生物学家梅契尼柯夫（Elie Metchnikoff）提出的Thanatology（死亡学）概念和1928年起在美国开始的"死亡教育"研究。1928年，John C. Gebhart发表了一篇对美国丧礼及殡仪馆进行评价的文章，开死亡教育研究之先声；1940年，Sylvia Anthony著书探讨儿童的死亡概念；20世纪50年代，美国出现"死亡觉醒运动"。此后，Herman Feifel于1959年出版第一部死亡教育著作《死亡的意义》，使"死亡教育"逐渐演变成一门教育学分支学科，并进一步发展为"生死教育"。1968年，华特士在加州北部内华达山脚下创建"阿南达智慧生活学校"（Ananda Living Wisdom School）。在这里，人们的生活就是学习，生命是一种体验，人人都致力于探索蕴含在生命教育中的原则，并遵循这些原则生活。1986年，华特士拓展了学校教育的内涵，认为教育是融书本学习和人生体验于一体的过程，应该让身、心、灵兼备的生命态度成为未来教育的新元素。"孩子们所学习的是如何生活在这个世界上，而不只是如何找到一份工作、一种职业；他们必须懂得如何明智、快乐而且成功地生活，而不违背自己内在深层的需求；当然，更不会执着于金钱和权力。"

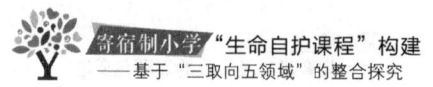

二、国外生命教育实践的演进

(一) 各国的生命教育

1. 美国生命教育

生命教育在美国起源并向世界其他国家和地区辐射发展的过程,是一个借鉴、转换和继承、创新的过程。第二次世界大战之后,美国出现大量自杀的社会现象,引起社会各界的高度重视,尤其是学术界对研究死亡产生了极大的兴趣。这时,美国各个方面都遭遇了严重的灾难,出现环境问题、温饱问题以及经济萧条、吸毒等严重的社会问题,死亡年龄开始普遍下降。在此背景下,杰·唐纳·华特士开始生命教育的研究。最初,华特士在加州创建阿南达村、阿南达学校以倡导和实践生命教育思想。

在美国,生命教育最突出特点就是与"死亡教育"融为一体。Herman Feifel 发表《死亡的意义》之后,Robert Fulton 于 1963 年在明尼苏达州开设了大学第一门正规死亡教育课程;1970 年,第一次死亡教育研讨会在明尼苏达州的哈姆莱恩大学举行;1976 年,美国成立了死亡教育与谘商协会,并进行"死亡教育师"和"悲伤谘商师"认证。1977 年,美国《死亡教育》杂志创刊,LEVITON 在首期刊文将死亡教育定义为"向社会大众传达适当的死亡相关知识,并因此造成人们在态度和行为上有所转变的一种持续的过程"。从实践来看,美国生命教育方式灵活,如通过互联网及电子传媒推动,还有 Life Skill Ministry 等专门训练青少年生活技能的机构。20 世纪 90 年代,美国中小学生命教育已基本普及。目前,美国生命教育大致分为人格教育、迎接生命挑战的教育、情绪教育三类,对于孩子提出的死亡问题,家长会直截了当地回答。

2. 澳大利亚生命教育

澳大利亚的生命教育主要缘起于反毒品。1974 年,针对当时青少年吸毒并致死这一社会问题,牧师 Rev. Ted Noffs 正式提出"生命教育"(Life Education) 的概念,并于 1979 年在悉尼成立"生命教育中心",贯彻的宗旨是预防药物滥用、暴力与艾滋病。他认为,对青少年开展生命教育,主要是培养他们树立正确的人生观、价值观和生死观，同时为青少年建立一个健康、友好的环境，协助学校进行反毒品教育。该中心后来发展成一个国际性机构，成为联合国"非政府组织"（NGO）中的一员。如今，澳大利亚中小学普遍设有生命教育中心，有详细的生命教育目标。布拉德里·格里夫在《生命的意义》中提出，在众多广为流行的关于生命意义的理论中，唯一不变的便是"爱"。这种爱是由对生命的爱升华而成的对生命的敬畏与领悟，为生命的存在而感到愉悦；正是这种爱引领着我们去帮助他人，实现生命的价值。

3. 英国生命教育

英国的生命教育直接源自澳洲。威尔士王子在1986年访问澳洲之后，在英联邦14个地方都建立了沿袭澳洲生命教育中心的慈善性机构，旨在使人们尤其是青少年和儿童正确认识生命的价值和意义，减少药物滥用，降低暴力、艾滋病等社会问题的发生率。不过早在此前，英国的PSHCE计划已经开始实践生命教育理念，主要是在幼儿园和小学阶段进行健康、药物（包括毒品防治）和生活选择等方面的教育。英国生命教育是一种全人培养与全人关怀的教育，以学生灵性、道德、社会和文化的发展为目标。它和公民教育虽然名称有异，但在教育理念、内涵外延和追求的目标等许多方面一致，是围绕并伴随公民教育一起产生和发展起来的。因此，有人认为其历史可以追溯到1765年Joseph Priestly发表《论一种旨在文明而积极生活的自由教育课程》，至今大致经历了三个阶段，即萌芽阶段、跨领域课程阶段和正式课程阶段。

1986年出版的《生命教育：与孩子一同迎向人生挑战》拓展了学校教育的定义，旨在融合书本知识和人生体验，为父母、教育者及关心教育的人士提供有效指导。受其影响，政府相继成立专业协会，出版一批关于生命教育的书籍和期刊。马克·斯皮斯和斯丹达·波仁特在《孩子对死亡的理解：对于死亡概念的三种组成部分的观点》中提到死亡教育是由死亡的普遍性、死亡的单向性、躯体功能实效性三个部分组成的。Herman Feifel在《死亡的意义》一书中，结合文学、医学、哲学及生理学等方面的学科知识，全面、系统地讨论死亡现象。黄鸿鑫在《中美生命教育比较研究》中提到美国通过开展死亡教育研讨会、开设死亡教育课程的形式，使人们意识到生命的重要性，帮助其解决生活中的不幸，学会珍惜生命、爱惜生命，保持积极乐观的心态，树立正确的人生观。众多国内外学者在美国生命教育研究中，将研究重点集中在学生身上，对老年生命教育的关注较少，仅限于帮助老年人树立正确的生死观。

4. 日本生命教育

日本的生命教育可以追溯到 1964 年谷口雅春出版的《生命的实相》。1989 年，日本新版教学大纲明确提出以尊重人的精神和对生命的敬畏之观念来定位道德教育的目标。日本教育界还提出"余裕教育"理念，试图将学生从应试教育中彻底解放出来，以寓教于乐的方式恢复孩子天真烂漫的本性，让他们学会如何做人。"余裕教育"的口号是"热爱生命，选择坚强"，旨在让青少年认识生命的美好和重要，能面对并承受挫折，更加热爱生命、珍惜生命。他们认为，热爱生命的主要内容之一，是要求人与自然和谐相处，并热爱其他生命。为此，他们鼓励学生经常到牧场体验生活，甚至建议把中小学体验农村生活变为"必修课"。

5. 新西兰生命教育

新西兰的生命教育也是从非政府组织开始的。1988 年，新西兰成立非营利性机构"生命教育（计划）"，次年得到时任总理 David Lange 的签署认可，并在全国范围内推广。该组织致力于"教会学生认识到世界、个人与其他人的奇妙之处，指引他们充分认识和发挥自己的潜能"。经过多年的教育实践，该组织已经探索出一套较为成熟的课程模式，涵盖五个方面：自尊、社会交往、人体构造、食物及其营养以及物质认识。新西兰还有专门的生命教育基金会，服务对象是 5～12 岁的学生，课程包括校内和回家功课，重点是如何"照顾身体"。

6. 德国生命教育

德国对生命教育的理解是"死亡的准备教育"和"善良教育"。"死亡的准备教育"重在引导人们以坦然、明智的态度面对死神的挑战；"善良教育"重视对学生善良品质的培养，主要内容有"爱护动物""同情弱者""宽容待人"和"唾弃暴力"。在实现途径上，德国生命教育以课堂教学为主渠道，通过学科渗透的方式，辅之以社会实践活动，在不同学科和不同形式的教学中体现。

7. 瑞典生命教育

瑞典常引以为豪地认为他们的生命教育有百年历史，因为在一百年前，瑞典著名女教育家爱伦·凯出版了《儿童的世纪》一书，弘扬以儿童为幸福、以儿童为本位的教育观念。这似乎与现代生命教育是吻合的。的确，瑞典生命教育向来以态度开明著称。在学生很小的时候，教师就会让他们摸着孕妇的肚子，然后给他们讲人是怎么出生的，让学生懂得什么是生命。此外，瑞典小学生还被允许到太平间与遗体接触，同时被告知一个人死亡对自己、对亲人意味着什么。

8. 俄罗斯生命教育

俄罗斯的生命教育是与安全教育紧密联系在一起的，其特点主要体现在政府重视、法律保障、目标明确、内容丰富、形式多样、理论联系实际、各方有效合作等方面。1991 年，俄罗斯联邦教育部颁发 253 号决议，规定自 1991 年 9 月 1 日起在普通教育机构的 2、3、6、7、10 和 11 年级开设生命安全基础知识课程；1994 年，俄罗斯教育部建议在普通教育机构 1—11 年级全部开设生命安全基础知识课程；2003 年，新修订的《俄罗斯普通教育国家标准》把生命安全基础知识课程作为必修课程。

9. 印度生命教育

印度伟大诗人泰戈尔说："教育的目的是应当向人类传送生命的气息。"印度佛教很好地体现了这一实质。耐人寻味的是，华特士曾在印度学习，他创办的生命教育学校即以其导师名字命名。学诚法师曾以《佛教是一种系统完整的生命教育》为题开示，认为："佛教的本质是要教育、教导、教化众生，使众生从迷的世界逐步进入悟的世界，因此佛教是一种系统的、完整的生命教育，释迦牟尼佛是这个系统、完整生命教育的创始人。"印度的佛教提倡尊重生命，这里的生命就是指一切生物界的生命。在这方面，佛教提出无情有性、一切众生皆有佛性、慈悲三个理念。

（二）总结

在这里，"生命"一词是广义的，包括自然界一切有生命体征的物种，指全世界的人类，亦指人与自然的整体生命关怀。

国外生命教育的研究主要集中在学生身上，大多从社会背景、社会文

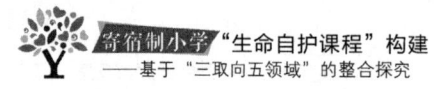

化的角度进行,在开展生命教育时,主要运用参与式教学方法,使其进入社会情境中,从而促进个体生命价值的实现。为了保证生命教育的顺利实施,各国政府出台了相应的法律政策。众多学者在生命教育的内容、目标及途径的研究上,不断提出新的观点,丰富了生命教育的价值体系。

世界各国学术界、教育和医学实践界、社会团体组织以及政府教育部门不断互动,以生命为本,诠释生命意义,追问生命价值,探求教育本质,寻找教育支撑,共同推动了生命教育的持续发展。

我们丝毫不用怀疑,未来生命教育完全可以回应时代呼声,助力人格培养,提升公民素质,促进人与自然和谐相处,进而造福整个人类社会。

第三节 生命教育研究与实践的反思

一、相关研究的优势和基础

(一)相关的理论基础及依据

1. 新课程的培养目标是全面贯彻党和国家的教育方针,全面推进素质教育,体现时代要求,使学生具有爱国主义、集体主义精神,热爱社会主义,继承和发扬中华民族的优良传统和革命传统;具有社会主义民主法制意识,遵守国家法律和社会公德;逐步形成正确的世界观、人生观、价值观;具有社会责任感,努力为人民服务;具有初步的创新精神、实践能力、科学和人文素养以及环境意识;具有适应终身学习的基础知识、基本技能和学习方法;具有健壮的体魄和良好的心理素质,养成健康的审美情趣和生活方式,成为有理想、有道德、有文化、有纪律的一代新人。

2. 课程改革的目标是全面贯彻教育方针,以提高国民素质为宗旨,加强德育的针对性和实效性,突出培养学生的创新精神和实践能力、搜集和处理信息的能力、获取新知识的能力、分析和解决问题的能力以及交流与合作的能力,发展学生对自然、对社会的责任感,为造就有理想、有道德、有文化、有纪律、德智体美等全面发展的社会主义事业的建设者和接班人奠定基础，最终构建一个开放的、充满生机的有中国特色社会主义的基础教育课程体系。加强德育，促进学生全面发展，使课程体系具有开放性和创新性，是新课程体系的显著特点。

3. 在学校教育教学工作中，生命自护教育是基础。它是通过人的生命、为了人的生命质量而进行的社会活动，是以人为本的社会中最体现生命关怀的一种事业，主要包含如下思想：①生命价值是教育的基础性价值；②生命的精神能量是教育转换的基础性构成；③生命体的积极投入是学校教育成效的基础性保证。我们所理解的"生命教育"，正是要在价值取向上强调人的精神生命主动发展，在教育过程中关注人际交往方面精神能量的转换，在保障机制上注重生命主体自主能动的投入与合作。生命教育的基本观点由生命观和生命教育观两个部分构成。生命是一种存在，它的理想存在状态是整体的、有差异的、自主而主动地变化和发展着的。教育必须顺应并促进人的发展，一是协调和整合各方面的教育力量，促进生命整体性的发展；二是尊重生命及其发展历程的独特性和相互差异性，建立良好的人际关系，尤其是师生关系。

（二）相关研究的成果

通过多种形式的教育实践活动，唤醒学生的"生命"意识并养成良好的习惯，促进全体学生的身心和谐发展，为学生的终身幸福奠定基础；着眼于学生个性的健康发展，为提升学生的生存能力和生命质量奠定基础；着眼于增强学生在自然和社会中的实践体验，"让每个学生都得到成功的教育"，为营造健康和谐的生命环境奠定基础。引导学生热爱生命，提高生命质量，理解生命的意义和价值，使学生能主动、健康、全面地发展。

1. 掌握实施生命自护教育的现状。首先，大部分学生对自己持积极肯定的态度，对生命价值有所体验与感知，但视野较窄，缺乏自觉、主动意识和对生命主体性的认识；其次，是生命教育途径单一化，学校的部分教育行为和措施体现了一定的生命意识，但基本的现象还是生命教育依靠学科教学来进行；再次，生命教育内容零散。在少先队生命自护教育方面还存在着有待解决的问题：一是没有系统的生命自护教育内容，没有明确提

出据此对学生进行生命自护教育；二是生命自护教育的内容比较零散，偏重道德教育、安全教育及情感教育，而对于死亡教育则鲜有涉及。

2. 实施生命教育，突显德育的科学性。学校生活是学生生活的重要组成部分，我们不仅要关注学生的学习结果，更要关心学生的精神生活是否快乐，培养学生热爱生命、尊重生命的意识，提高生命质量。我们要紧紧围绕生命教育，体现渗透性、整合性、开放性，争创学校德育工作特色。一是开展专题教育活动。二是举办安全法制教育讲座，从交通安全、消防安全、食品安全等方面进行教育。如邀请相关法制人员进行法制教育专题讲座，开展安全、法制为内容的社会实践活动。使学生关注自己和他人的安全，做遵纪守法的小公民。三是有步骤地实施学生心理健康教育。学校要定期举办心理健康教育专题讲座，教师要以情感教育和成功教育的策略去激励和感化学生，同时在学科教学中渗透心理健康教育。四是以家校结合，提高家长生命教育的意识和水平，帮助引导孩子学会珍爱生命、保护生命、成就生命，促进学校、家庭、社会育人网络的和谐发展。如心理教师、班主任及任课教师对存在家教困惑的家长进行咨询辅导、召开家长会等。

3. 以课堂教学为主渠道落实生命自护教育。课堂是教育的主阵地，自然成为生命教育的主渠道。生命教育的课堂要成为师生实现生命成长、人生意义提升的具有吸引力的场所；其课堂生活要成为师生生命发展的一段共同的经历，师生在课堂中体验着智慧的交锋、情感的碰撞、价值的共享；其课堂生活要充满民主、平等、安全、愉悦的气氛，包容着生命中的暂时缺陷，也呼唤着潜能智慧的觉醒。学校的生命教育在新课程理念指导下，本着对生命的理解和尊重，从课堂教学的目标、过程、主体、评价等几方面入手，逐步构建出不同方式的生命教育课堂，从而使课堂教学直面最鲜活的生命，体现出生命的多样性，彰显出生命的光泽和灵动，使课堂焕发出师生生命的活力。大力倡导基于崭新的教学理念、独特的教学设计、丰富的文化底蕴而风格各异的开放又充满活力的课堂教学，使播种求真的种子、培植求异的思维，在"形散神聚"的课堂互动中采撷丰硕的生成资源成为学校教师不懈追求的教学境界。

4. 以实践活动搭建生命自护教育平台。

5. "三位一体"形成活力，保障生命教育实施。生命自护教育是全方位的，课堂的教学是主渠道，课外的实践活动是有效的延伸和补充。学校、家庭和社会共同组织开展形式多样的实践活动，让学生在实践活动中学习，在实践活动中触动心灵，体验生命之价值。

二、相关研究尚需要拓展的空间

本课题由于涉及面比较广泛，在开展生命自护教育进课堂活动中，学生缺乏生命自护教育的相关读本，一些研究的内容与学生活动和学习实际有差距，不能够很好地反映学生的实际心理活动状况，所以，教学时还应结合校情、班情和学情进行适当调整。另外，在已经开展的大量有关生命自护教育的活动中，欠缺活动设计过程的梳理。应及时搜集活动资料，明确活动目标和流程，同时要注意活动参与对象的感受和收获。

第三章 中小学开展生命教育的现实路径分析

第一节 依托少先队活动开展的生命自护教育

一、少先队的定义和工作内容

（一）什么是少先队

中国少年先锋队（简称"少先队"）是中国少年儿童的群众组织，是少年儿童学习共产主义的地方。1949年10月13日是中国少年先锋队建队日。

少先队组织的生命在于活动，活动越生动活泼，少先队的生命力则越强。那么，怎样才能开展好少先队活动呢？关键应做到"四性"。即坚持思想性、先进性、自主性、实践性，以体现少先队组织教育、自主教育、实践活动的少先队活动为基本载体，涵盖政治启蒙、道德养成、成长取向、组织意识四个方面的内容，引导少年儿童培育和践行社会主义核心价值观，促进少年儿童快乐生活、健康成长、全面发展，从而实现生命教育的意义。

（二）少先队工作内容

少先队常规工作内容如下：组织机构建设、队员管理、队干部，队伍和辅导员队伍建设、少先队的队务建设、少先队礼仪规范化建设。落实到生命教育课题上，是培养队干部，开展少先队生命自护教育。少先队应不定期开展生命安全教育活动，开展突发事件应对工作。

立足少先队层面，充分发挥少先队的组织优势和活动优势，开展丰富多彩、生动活泼、具有教育性和知识性的少先队活动，是少先队团结教育少年儿童的主要途径和方式。可以分为思想政治教育活动、爱科学、学科学、用科学活动、体育游戏活动、假期活动、社会实践活动等。

二、依托少先队开展生命教育的现实路径

据调查，目前国内各小学依托少先队开展的少先队生命自护教育几乎处于空白状态，课程内容还不成体系，课程频次相对较少。组织开展生命自护教育的多为少先队辅导员，班主任和其他学科教师可能会将其渗透在自己的学科教学中，但授课教师自身掌握的安全自护教育专业知识不足，很难合理设计生命安全自护教育内容，故效果不能保证。如何通过少先队组织，实现学校鼓励、教师引导、课程学习的全方位生命教育体系，进行学科渗透，制度化推进，是我们课题研究要解决的首要问题。

为此，我们了解了上海市长宁区新虹桥小学实施生命教育的现实路径。具体开展的情况如下：

（一）依托少先队阵地开展生命教育宣传活动

1. 利用学校的橱窗宣传栏

学校的橱窗宣传栏位于校园最显眼的位置，读者面广，加之图文并茂，能吸引队员注意力。因此，要充分利用这一宣传阵地，加大生命教育的宣传力度。通过认识生命起源，体会生命的价值，或者学习革命烈士的英勇事迹，引导学生理解革命者的高尚情操；学习自救和处理突发事件的知识，让学生产生应有的视觉效应；宣传校园里热爱生命、坚强不屈的优秀队员事迹，树立榜样，形成榜样效应；结合"禁毒日"进行"禁毒防艾，珍爱生命"教育图片展览；利用安全教育日，组织观看安全展览，使学生掌握一些简单易行的防范与自救办法，避免危险与伤害，提高自我保护能力。各中队板报的内容可以根据其队员年龄特点定期更新，让墙壁成为表达队员心声的精神园地。

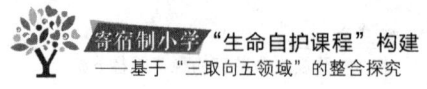

2. 利用校园广播

发挥校园广播快捷、便利的优势，围绕生命教育的主题，向学生介绍健康常识、法律法规、时事要闻、校园新闻等，让孩子们了解有趣的生命故事，时时刻刻在孩子们的耳边敲响警钟。还可以充分发挥电视台的视听功能，利用校园闭路电视系统，组织学生观看安全教育片。法制教育月，可以邀请交警大队、派出所等相关法制单位进行法制安全讲座。还可以通过校报引导队员展开如"成长不烦恼""你会宣泄情绪吗"等专题讨论。

3. 利用升旗仪式

升旗仪式是对学生进行爱国主义教育的一个坚实的阵地，学校要系统且有针对性地组织少先队在国旗下发表演讲，结合各大节日，不失时机地从思想上、行为上对学生进行少先队生命自护教育。国庆节、清明节、母亲节等传统或法定节日都是进行感恩教育、爱国教育等的好时机。还可以通过升旗仪式表彰优秀少先队员和优秀中队，让学生真正成为自我教育、自我发展、自我完善的主体。

4. 利用学校常规活动

组织体育大课间、假日庆祝等文娱活动，对调节少先队员情趣，活跃其身心，增加同学之间的交流与合作，营造健康向上的校园文化环境，将起到"润物细无声"的效果。

（二）探索中队辅导员生命教育的辅导方法

1. 重视学习

组织中队辅导员学习各类少先队工作有关文件、刊物，学习掌握少先队生命自护体验教育的基本内涵、思路、目标、内容框架及方法途径，为中队辅导员参与课题的探索与实践提供理论引领。

2. 方法交流

定期开展中队辅导员方法技巧交流会，比如：如何培养队员良好的行为习惯；如何培养队员自主自动的能力；谈谈生命教育辅导方法的创设等。

3. 专家指导

组织专题学习，聘请有经验的专家对中队辅导员进行培训，比如进行生命教育指导讲座、个性化优秀中队的辅导方法讲座、关注孩子的心理健康专题讲座，以此来拓展中队辅导员的视野，了解现代教育的新理念，帮助他们理清工作思路，创设"以人为本"的辅导方法。

4. 政策倾斜

修改并完善《中队辅导员考核制度》，将中队辅导员引导队员积极参加校内外少先队实践体验活动的状况纳入学校考核体系。

（三）创设生命教育专题队课

尝试把生命教育的内容融入队课，创设了生命教育专题队课，并纳入学校的课表。在队课教育中，让队员以自己的身份、视角来体验，促进了生命教育的日常化。并且，在设置生命教育专题队课内容框架时，充分发挥各学科的优势，将学科课程与队课巧妙结合，按"人与我、人与人、人与社会、人与自然"四大板块，重点依据少先队"诚实、勇敢、活泼、团结"的四大作风，确立队课主题，选择合适的生命教育内容。

（四）丰富生命教育体验，开展丰富的活动

活动是少先队的生命。少先队在开展生命教育的过程中，始终以实践活动为载体，在丰富多彩的活动中引导队员自我体验、换位体验、情景体验，引导队员懂得热爱生命，了解生命与自我、生命与自然、生命与社会的和谐关系。

1. 大队部牵头开展生命教育活动

（1）设置"生命组合章"

"雏鹰争章"活动打破了传统评价模式，创设了少先队特有的"生命组合章"。

各枚子章的章目、章标及要求如下：

一年级：交通安全章（安全出行，我平安）；

二年级：自我保护章（学会保护自己，懂得珍爱生命）；

三年级：人际交往章（学会交际，让生活多彩）；

四年级：自然环保章（认识自然，争当绿色小卫士）；

五年级：勇敢信心章（我勇敢，我自信，我成功）。

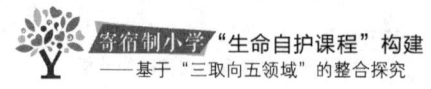

(2)"六张支票"承诺活动

"六张支票"是大队部结合"母亲节",在故事妈妈辅导员的协助下开展的生命教育实践体验活动。大队部会给每位孩子的母亲写一封信,建议母亲抱着期盼而又幽默的心情来看待孩子的努力,在填写空白支票的时候能写上一句感谢孩子的话语。

(3)开展"寝室内务大比拼"活动,旨在提高学生的生活自理能力,从生活的细微处进行少先队生命自护教育。

(4)组织学生开展现场紧急疏散演练、安全应急逃生演练。

(5)结合教师节,开展"感念师恩、分享快乐"系列活动,以表达对教师无限的感念和祝福;或写一封表露真情的短信、做一张精美的贺卡;也可以发封 E-mail、作一首小诗……向教师道一声真切的问候;用自己的画笔或镜头,将自己成长过程中的精彩瞬间、快乐场面记录下来,并与教师分享。

2. 各中队结合年段目标开展的各项活动

(1)开展生命教育主题创作画、手抄报竞赛、作文比赛、诗歌创作、演讲比赛等。

(2)通过灾难教育、消防逃生演练等,引导少先队员反思生命与大自然的抗争,让学生认识到在灾难来临时,在遇到突发事件时,自己要如何逃生,从而掌握自救和互救的有效方法。随着警报声拉响,全校师生及后勤人员按照事先制定好的逃生路线,有序地进行逃生演习,从而增强了全校师生及后勤人员珍爱生命、自我保护的意识,提高了全校师生应对火灾、地震等突发事件沉着冷静、安全逃生的能力。

(3)学习"感动中国人物""防疫优秀个人"的先进事迹,感受生命的顽强、领悟生存的智慧、体会奉献的幸福,了解为中国开天辟地、护卫中国人生命安全的英雄人物的事迹,并更好地珍惜今天的学习环境,好好学习。

(4)领养"生命宝贝"。生命宝贝即不同种类的植物种子,队员用爱心浇水、观察,关注生命成长的过程,并撰写"生命日记",记录自己每一阶段的心情和对生命的感悟。这可以培养队员爱护花草、保护生命、热爱自然的情感。

（5）通过经典诵读辅助生命教育。阅读是孩子们认识世界、增长智慧的重要途径，结合生命教育的内容，可以向队员推荐经典作品。如《一片叶子落下来》《一粒种子》《爷爷变成了幽灵》等绘本，引领大家认识生命的价值和意义，树立正确的人生观；《假如给我三天光明》《窗边的小豆豆》等经典名著，让孩子们了解人生的挫折与磨难，感受人性的辉煌，树立正确的生存观、价值观；《我永远爱你》等读本，让孩子们感受人世间的真情，让孩子们在阅读中品味生命的质朴与美好，懂得珍视生命，树立正确的生命观。然后评选出"阅读之星"，以此激励学生，让书籍滋养孩子们的生命，引领孩子们健康成长。

通过生命教育，可以让学生学会尊重生命、珍爱生命，促进学生幸福地享受生命，提升生命价值。

3. 多途径地建立社会化的生命教育实践体验基地

与课外实践活动相结合开展生命教育活动的内容广泛，无时无刻不存在于我们周围，单靠独立课程无法完成教育任务。所以，应该在课外活动中挖掘教育资源，将生命教育渗透到社会实践中，通过课外活动教育学生热爱生命、尊重生命、欣赏生命，提高生存技能和生命质量。少先队充分依托校外资源优势，建立各类社会实践基地用以开展实践体验活动，多途径地拓宽少先队实施生命教育的渠道，为队员们提供不同的体验场景，使得队员在角色转换中获得对人生、对生命的感悟。

（1）结合教育基地开展生命教育活动

如清明节组织队员去烈士陵园"缅怀革命先烈"，体会生命的意义、生存的价值；少管所现场聆听少年犯的忏悔，学习法制教育知识；参观博物馆，弘扬爱国主义精神。

（2）开展"红领巾手拉手"活动

到偏远贫困地区，让队员们了解到在同一片蓝天下，还有许多学习环境和学习条件远远不如自己的同学，捐出书本、文具、衣物，尽自己所能，帮助这些有需要的同龄人。

（3）"太阳雨"行动

太阳雨行动是大队部引导少先队员到幼儿园开展的一项实践体验活动。在幼儿园里，队员们换位学做孩子的小老师，介绍学校生活与幼儿园

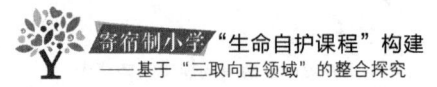

生活的不同之处；带领弟弟妹妹们做游戏，在游戏中让他们了解"十个道德好习惯"；为小朋友服务，帮他们穿衣，教他们系鞋带、做环保盒等。活动使队员们着实体会到自己长大了，感受到自己动手实践的乐趣，分享了手拉手、服务他人的快乐，更感悟到了生命的美好。

(4) 开展"少敬老，献爱心——关爱夕阳红"活动

敬老、爱老是每个公民应尽的职责和义务。在活动中，队员亲身体会了关心老人的快乐，并感受到爱与感谢本身就是一种幸福；懂得爱与感谢，你就是一个幸福的人。

(5) 开展助残活动，学做一小时盲人、聋哑人

体验残疾人的痛苦和不便，能以一种更尊重的态度去面对、接纳他们；并感恩我们拥有健全的肢体，形成积极的人生态度。

(6) 命名首批"维权员"

为了引导队员们学会保护自己的合法权益，与工商所签订了《校商联合开展维权活动的协议书》，聘请工商所的叔叔阿姨和队员们一起增强维权意识，提高生命质量。

在工商所的大力支持下，经过队员们的自愿报名，确立了首批"小小维权员"。他们在工商所叔叔阿姨的带领下，利用假期或节假日走进超市和商店学习维权知识。

(7) 开展到武警支队和干休所"学榜样，同成长"活动

观看武警战士的"擒敌术"等表演，参观队务，体验队列训练。感受武警战士严明的纪律、训练的艰苦，向武警战士学习，并把他们的精神带到自己的学习和生活中。

三、依托少先队开展生命教育的困境

目前，"教育者并不清楚少先队活动与学校德育的区别与联系，往往把少先队活动、课程设计与学校德育混为一体"，这是学校中的普遍现象。自然，少先队生命自护教育也就混为一谈了，比如开展的"中国少年儿童平安行动"强调生命安全，"我与运动交朋友"重视体育锻炼带来的身体健康等。可以说，目前实践中的少先队生命自护教育的活动内容大多从生

命角度出发，没有突出少先队生存教育区别于少先队生命自护教育的特点或者其他教育中的少先队生命自护教育内容。

此外，"全员入队"成为全国少先队入队的普遍趋势后，实践中的少先队活动与学校教育活动的教育对象都是一样的，小学生亦即少先队员。同时，在儿童生存环境和家庭环境相对恶化的形势下，有学者已经认识到少先队地位及作用的重要性。在传统的一元社会，少先队依仗党和团在社会中的主体地位而受到重视。但是，随着教育改革的深入，教育日益走向规范化，但学校对少先队相关课程设置、工作量考核等都没有进行具体规定，少先队在学校原有的地位受到了挑战。这就要求多角度地思考少先队的存在意义及其根本任务，以强化少先队组织的生存价值。

从2012年到2013年，相关部门先后两次颁发了有关加强少先队活动的文件，表明了国家意识到新时期少先队的地位及其作用的意义。少先队活动的时间和空间得到保证后，大部分学校都能定期开展少先队活动，包括入队教育、阵地建设活动、社会实践活动等，帮助队员了解"入队十知六会"，增进队员对少先队的了解，巩固少先队地位，强化少先队的教育作用。也有学者提到可以开展一些磨难教育、少先队生命自护教育等来提高队员的能力。可以说，大部分人已经认识到新时期强化少先队教育作用与地位的重要性与必要性。但是对少先队生命自护教育到底是什么，大家没有一个统一的认识。

目前，少先队活动粗略地涉及了少先队生命教育的内容，但并未形成一个完整的内容体系，主要问题有以下几点：

（一）少先队生命自护教育内容理解含混

辅导员对小学少先队生存教育的活动内容没有形成一致的看法，有从生命安全角度思考的，有从个体生存技能和生存价值层面考虑的，不过都是比较片面的理解，没有站在组织生存的角度来理解小学少先队生存教育及其内容。辅导员对少先队生存教育活动内容的理解差异是由于缺乏少先队生存教育相关的素养、知识等，他们虽然都对生存教育有一定的了解，但是未必能理解少先队生存教育。少先队生存教育的研究不成熟，致使辅导员没有途径去了解其内容，而理论研究上的含混也直接导致辅导员缺少一定的理论指导其思想和行为。

（二）少先队生命自护教育内容定位模糊

这种定位不明是因为大家没有从理论上分清德育与少先队的关系，就像实际操作中，依然会把本属于德育的日常行为规范放到少先队活动课来进行。理论上的模糊，导致实践中的混乱。并且，在趋利心理影响下，德育活动与少先队活动中的生存教育内容整合，忽视了少先队生存教育活动内容的特殊性，没有关注组织的生存发展和个体生存价值的树立与实现。实践中时间的有限性是改变不了的事实情况，如何在有限的时间里实现教育的影响，需要辅导员将相关的内容进行整合。

（三）少先队生存教育的活动内容设计随意

在实际工作中，学校只会给定一个主题，然后由辅导员自己安排具体内容。这样安排会导致少先队生存教育活动内容的各板块不协调。并且，这样无序且重复的少先队活动导致少先队面临可有可无的生存危机，难免让人产生少先队只是形式上存在的组织的错觉。少先队教育不是形式教育，那么少先队生存教育就应该通过有序完整的内容安排，切实起到传承少先队文化价值、维护组织生存的作用。

学校目前没有专职的辅导员，现有的辅导员又有各自的教学任务，为了减轻教学压力，自然就将他们认为的少先队生存教育活动内容纳入学校德育活动内容，并且，德育实践活动本身常被分解成一个个独立活动，各有各的主题，缺乏内在的联系。于是，德育活动本身很难形成体系，再加上少先队教育和德育难分难解的关系，间接导致少先队生存教育活动内容难以形成系统的整体，以产生全面、持续的影响。

第二节　依托德育工作开展的生命自护教育

一、什么是德育

广义的德育指所有有目的、有计划地对社会成员在政治、思想与道德等方面施加影响的活动，包括社会德育、社区德育、学校德育和家庭德育等方面。

狭义的德育专指学校德育。学校德育是指教育者按照一定的社会或阶级要求，有目的、有计划、有系统地对受教育者施加思想、政治和道德等方面的影响，并通过受教育者积极的认识、体验与践行，以使其形成一定社会与阶级所需要的品德的教育活动，即教育者有目的地培养受教育者品德的活动。

二、德育工作的内容

《小学德育纲要》规定："小学德育主要是向学生进行以'爱祖国、爱人民、爱劳动、爱科学、爱社会主义'为基本内容的社会公德教育和有关的社会常识教育（包括必要的生活常识、浅显的政治常识以及同小学生有关的法律常识），着重培养和训练学生良好的道德品质和文明行为习惯，教育学生心中有他人，心中有集体，心中有人民，心中有祖国。"具体德育内容主要有以下十条：①热爱祖国的教育；②热爱中国共产党的教育；③热爱人民的教育；④热爱集体的教育；⑤热爱劳动、艰苦奋斗的教育；⑥努力学习、热爱科学的教育；⑦文明礼貌、遵守纪律的教育；⑧民主与法制观念的启蒙教育；⑨良好的意志、品格教育；⑩辩证唯物主义观点的启蒙教育。

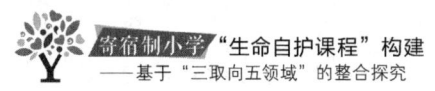

三、依托学校德育工作开展生命教育的现实路径

学校在儿童的成长中占据着重要地位,是儿童成长的摇篮。班主任除了教授知识和培训技能以外,更重要的是对学生进行生命与安全教育,让每一个儿童都能珍爱生命,健康成长。针对儿童的年龄特点,学校和教师一般利用班队会、《道德与法治》课及学科德育渗透等多种方式帮助学生正确认识人生,正确看待生命。

(一)依托德育课程《道德与法治》开展生命教育

学校依托《道德与法治》课程中涉及的内容对学生开展生命教育。

从2016年9月开始,义务教育阶段起始年级开始使用统一的《道德与法治》教材,以替换原有的《品德与生活》《思想品德》。对比新旧教材内容,其中一个很大的变化就是增加了生命教育的内容和篇幅,凸显了生命教育主题。

人类通过教育,不断地学习与创新,不断地超越自我。统编教材《道德与法治》通过模仿儿童生活的方式来编写教材,以贴近儿童生活,指引儿童生活,力求通向儿童的内心世界,从而对儿童的生活方式进行引导。而儿童生活智慧和生活能力的提升就是生命能力的提升。以生命能力提升为指向,展开道德与法治课堂学习活动的实践如下:

1. 导向指引:把握"生命能力提升"的活动引领

课堂是儿童生活的主要场所,儿童正是在生动多样的学习活动中逐渐学会了敬畏生命、自觉学习、自我超越,成就人与自身、人与他人、人与群体、人与世界和谐相处的生活样态,从而实现生活智慧和生活能力的提升。道德与法治课堂学习活动尊重儿童生活及其学习规律,设定适切的活动目标和活动立意,从而引领指向生命能力提升的学习活动过程。

(1)"上下勾连",设定活动目标

"上下勾连",即学习活动目标的设定须基于课程标准、教材单元主题意图等"上位"的课程文本和教育目标,以及具体的学习内容和学情等"下位"的课时要求。这要求我们深度研读相关文本和儿童生活,从而设定适切的目标，引领学习活动的开展。

以二年级上册"班级生活有规则"一课为例，它的目标制定基于以下"上位"目标：《义务教育品德与生活课程标准（2011版）》中的"负责任、有爱心的生活"，隶属《青少年法治教育大纲》所提出的"初步理解遵守规则、公平竞争、规则公平的意义与要求"，"我们的班级"主题单元中"引导学生进入最近的准社会、公共生活空间——班级"。而后基于具体的教材文本内容和低年级儿童学情特点，将第一课时的学习活动目标设定为：在观察、调查中知道班级生活处处有规则，在合作交流分享中制定班规并乐于遵守。以精准的目标引领提升儿童与儿童友好交往的能力以及儿童遵守集体生活规则的能力，让儿童更好地生活在班集体中，使儿童与同伴、群体更和谐地生活。

（2）"前后联系"，明确活动立意

道德与法治学习活动的目标设定还需要考虑整个单元主题各文本之间的前后联系，遵循教材编排的逻辑思路，从而遵循儿童学习的逻辑特点。

例如，一年级上册第三单元"家中的安全与健康"主题单元包括四个并列的学习主题："玩得真开心""吃饭有讲究""别伤着自己""早睡早起"。每个学习主题下设置了相应的核心学习活动，它们共同指向"家中的安全与健康"，但分别涉及不同的家庭安全问题。这要求我们必须关注前后层级主题的关系，遵循儿童生活的"逻辑"。如此设计的核心学习活动才是科学的，才是指向儿童生命能力提升的。

儿童的生活安全即生命安全。前后主题的联系能帮助我们厘清儿童家庭生活的线索，关注儿童实际生活问题的解决。这样的学习活动才能通向儿童的生活世界，使其全方位地感受安全、健康生活的重要性，自觉学习和掌握安全、健康生活的方法和技能。由此，引导学生在前一单元校园生活的基础上反思家庭生活，使之进入文明健康、安全愉快、自主治理的家庭生活状态，与统编教材《道德与法治》一年级上册的核心教育主题"适应新生活"相呼应。

2. 情境创设：聚焦"我"生命体验的活动过程

《道德与法治》教材通过建构生活事件这一文本策略来模仿儿童生活，以此培养儿童整理生活的思想图式。可以说，教材是以"我"（儿童）这

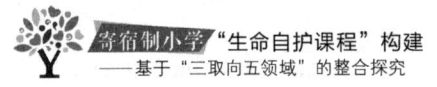

一本真的存在而建构的，不再单一地指向儿童的理性认知能力，而是指向生命能力的全部。但是，教材只是为我们提供了学习活动的蓝本。学习活动的着眼点在于对儿童已有经验的唤醒、利用、加工、丰富、提升，特别是要将学生处在意识之外的经验唤醒，使其处在意识之内。依据特定教育主题的性质及学习规律创设活动情境，"用教材教"而非"教教材"，我们才能真正唤醒儿童的生命感受与体验，实现生命能力的提升。

（1）紧扣实际"我"，提炼性模仿

《道德与法治》教材之"我"是从儿童普遍性的经验出发，不可能兼顾每个地区的儿童经验，更不可能兼顾每一个儿童独有的经验。实际上，每一个儿童都带着先天的学习潜能，以及与童年生活经历相互作用所积累起来的经验。这些经验是儿童学习新事物的"器官"和起点，它们构成了实际生活的"我"。我们在设计学习活动时，可着力模仿实际"我"的生活，提炼适合的生活性事件作为学习内容，开展相应的活动。如此，实现学习活动的"校本化""班本化"，甚至是"个体化"，让每一个生命在学习中建构丰富、完整的生活。

（2）指向未来"我"，创生性探究

统编《道德与法治》教材课文的结构本身便预设了引导儿童生活建构的教学目的，通过关注生活、反思生活和超越生活这三个紧密相连的板块，力求引领儿童提升生命能力。而超越生活，即基于儿童现有的生活，让儿童过更好的生活，这指向儿童未来的"我"。"我"未来可能是怎样的？在现实基础上，"我"可以通过什么学习活动向着未来发展？学习活动理应基于这样的考量，精心发掘学习内容，不断创生探究情境。

以二年级上册"家乡新变化"为例，教材设计了学习活动"我希望家乡越来越好"。它安排在感受"家乡传统文化的美"这一学习活动之后，可以说是基于儿童"人与环境""人与生命"的生命能力的发展。课堂学习中，教师将"儿童希望家乡的未来更好"这一憧憬作为学习活动的内容，先进行"家乡特色展示会"活动，通过"尝一尝风味小吃""做一做传统小手艺""演一演地方戏""唠一唠家乡话"等活动充分展示家乡特色。然后采用"心愿卡"书写内心畅想的方式，引导儿童用批判的眼光看待家乡，发现家乡发展中存在的一些不和谐的现象，进而寻找让家乡更美好的方法。在这样的探究中,儿童热爱家乡、热爱祖国的情感不断滋长,参与社会的意识自然萌发。而这是儿童未来生活必备的情感与能力,它们将帮助儿童获得更美好的生活。

3."方法"选择:强调道德思维发展的活动设计

生命智慧提升道德与法治教育要让儿童在学习活动中充分体验,感悟到"我要这样做",进而知道"该怎样做",逐渐形成道德思维方式与能力,学会生活;能够用行动表明"我会这样做",在实践中强化生命能力的提升。因此,学习活动设计必须关注儿童道德思维能力的发展,引领儿童在对话与探究过程中获得思维的发展与生命智慧的提升。

(1)思维图式:提升道德思维能力

统编《道德与法治》教材的结构遵循一定的思维路径,引领儿童道德思维能力的不断提升或延展,它可解构为:唤醒已有经验—激活自动思维—聚焦行为反应—形成合理思维。这一过程本身就是儿童的思维图式。

图式是在以往经验的旧知识与新信息相互联系的基础上通过"同化"和"顺应"而形成的,是以往经验的积极组织。我们在学习活动中,要立足儿童经验,引领学生学会独立自主地思考、反思性地思考,学会公正、公平地判断和解决问题。由此,帮助儿童建构思维图式,获得经验的进一步提升,也即生命能力的提升。

(2)体验分享:获得生活智慧

品德课程标准(2011版)强调,儿童从自己的世界出发,用自己的眼睛观察社会,用自己的心灵感受社会,用自己的方式研究社会。这其实是儿童生命能力提升的最好方法。道德与法治课堂学习活动就是要让儿童主动地依据主题展开自主探究,并在分享探究的过程与结果中不断获得生活智慧,提升生命能力。

以一年级下册《大自然谢谢您》之"大自然中的快乐"为例,其学习活动旨在引导儿童学习利用各种感官观察与体验,用各种方式调查与探究,从中感受"大自然中的快乐"。在儿童探究"什么时候""在哪里""我跟大自然中的谁做什么很快乐"的过程中,教师鼓励他们与同学、教师、家长分享探究的心情、成果;同时,借助"我听见大自然说……",鼓励他们表达、分享,并进一步感受"我"在大自然中很快乐。

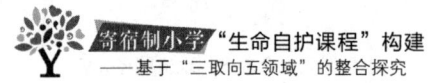

在这样的学习活动中，儿童不断体验、探索，将自身已有的知识、能力与情感等融入探究过程，做出自己的判断和选择。由此，儿童自然获得了与自然共在的智慧感悟，学会在大自然中与大自然交流，快乐生活。而这正是一种实践智慧的获得过程，指向儿童生命能力的获得与提升。

道德与法治课堂学习活动的设计，不但保证目标设定是适合儿童的，是指引唤醒他们已有经验、激发他们去主动探索的，而且力求活动过程和"方法"是儿童成长的"活性因子"，是一种激发他们去追求更好生活、更好自我的存在。

（二）依托班会课开展生命教育

班主任利用班会课对学生进行生命教育是育人的一条好途径。这需要通过班会了解学生对生命的认识与理解，分析其中存在的问题与不足，提高学生对于生命价值的认识，珍爱生命。

通过班会进行生命教育活动的内容有：安全教育、生理知识教育、感恩教育、挫折教育以及人生观、价值观和生命观的教育等。

1. 利用班会，带学生一起读一些热爱生命的文字

对于小学生来说，不能光读那些美丽的童话故事，还应该让他们多读一些励志类的文学作品。特别是现在的一些孩子，过着衣来伸手、饭来张口的王子公主般的生活，并不能真正感受到生活中的困难。因此，利用班会给学生读一些热爱生命方面的文学作品是非常有必要的。比如，可以给学生讲讲海伦·凯勒的自传体著作《我的生活》，教育孩子要坚强面对生命中的种种不平和重重磨难，做一个令人折服的生活强者；还有美国小说家杰克·伦敦的《热爱生命》，有意识地提高孩子的生存欲望，培养孩子顽强的生存意志。

2. 利用班会，让学生观看几部关于生、死、爱方面的电影或电视剧

对于小学生来说，生、死、爱是个不太好讲的话题。讲得太深了，他们可能听不懂，也可能不感兴趣；讲得太浅了，他们又可能体会不到生命的深沉和严肃。让孩子看一些相关的电影或电视剧，引导他们感悟对生命的那份坚守、对死亡的那种镇定以及爱的博大，引导他们学会珍爱生命、热爱生活，感悟生命的意义。

3. 利用班会，与学生认识生命的历程

教师利用班会给学生讲生命的形成、出生、长大、死亡的简单历程，让学生对生命的历程有初步的了解；或者给孩子布置一项作业，让他们去做实践调查，如访谈自己的妈妈，然后让每个孩子给自己的妈妈写一封信，在班会上朗读、交流，引导孩子们学会感恩，学会敬畏生命。

4. 利用班会，教会学生尊重和珍爱他人的生命

除了关爱自己，更要关爱他人，学会感恩，学会合作，尊重和珍爱他人的生命。利用班会，可以做一些游戏，如"模拟盲人"的游戏，让学生切身体验当盲人的感觉，明白盲人为什么总是要伸出双手去触摸，在黑暗中有一双温暖的手握着，那会带来无比的感动和力量；还可以带领孩子参加一些公益活动，如去养老院、福利院做志愿者或者帮助一些有困难的人。这样会让孩子从活动中深深地体会到：关心别人、帮助别人，对别人是重要的，对自己也同等重要，可以证明自己的生命是有价值的。

（三）依托班本课程开展生命教育

班本课程，顾名思义，是以班级为单位，师生双方共同开发的富有班级特色的课程。有部分教师根据自己所带班级的特点，家校携手，利用多方资源创立属于自己班级的独有课程。而生命教育也赫然是班本课程中的选项。

例如，教师可以开发"人与自然"系列班本课程，让学生感受自然之美好，认识自我之渺小；开发"人与社会"系列班本课程，让学生树立正确的人生观、世界观、价值观；开发"人与自我"系列班本课程，让学生树立独立健全的人格。也有教师针对不同年龄阶段的学生的身心发展特点，开展了不同类型的实践活动，并按照自然生命教育、社会生命教育、精神生命教育三个不同的维度创设了班本课程：以自然生命教育，延长生命的长度；以社会生命教育，拓宽生命的宽度；以精神生命教育，提升人生的高度。

（四）依托学校德育活动开展生命教育

学校德育活动遵循在活动中认知，从实践中体验感悟的原则。在拓展

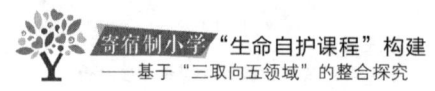

了实践活动以后，学生可以更好地认识社会、关心社会、关心地球和生存环境、关注人类与环境的和谐发展，形成对社会的责任心和使命感。

1. 依据节日、节气或纪念日开展生命教育

学校利用节日、节气或纪念日的契机开展德育活动，提升学生对生命的认识。如5·12防震减灾日活动、妇女节开展"献给妈妈的爱"感恩活动、国庆节开展爱国教育活动等，提升学生对生命的认知。

多彩的节日课程，还可以让学生体验文化的魅力。

传统节日，积淀深厚的文化。如清明、端午、重阳、腊八等，都可以成为校园教育活动的重要资源。再如"二十四节气"，中国古代传统的历法，也可以被充分利用，从而给学生以文化的浸染与熏陶。诸如在"立春"日组织学生"咬春"，迎接春天的到来，等等。

主题节日，进行价值的引领。例如，有学校每年以读书、体育、科技、艺术为主题，创设特色鲜明的主题节日：书海扬帆——读书节；五环纷呈——体育节；未来之光——科技节；七彩缤纷——艺术节。四大"节日"教育主题突出，彰显素质教育理念，引导学生全面发展。

校园节日，体验仪式的庄重。诸如"开学典礼""毕业典礼""成人典礼""学校纪念日"等，这些校园特有的"节日"亦是不可或缺的教育资源，而"节日"中庄重的"仪式"更会让学生感受到教育的庄严与厚重。教师用心谋划，精心打造，给学生以心灵的冲击、教育的震撼，从而让学生爱上校园、爱上教育，提升生命的质量。

2. 突发事件应对

学校通过一些活动教给学生应对突发事件的能力。如：消防演练、疏散演习、应急医疗救护讲座等。

3. 小干部培养

学校通过校级小干部的选拔、培养，增强孩子的自信和独立成长意识，让他们充分发挥自己的管理能力，同时也学会怎样与他人相处。

四、依托家庭德育教育开展生命教育的现实路径

家庭是学生的第一课堂，是开展生命教育的第一阵地，要充分发挥家

庭对生命教育的启蒙作用。

家庭德育教育的内容主要有：安全教育、品格教育、挫折教育、生死教育、生理教育等；主要方式有：沟通互动、寓教于乐、影视欣赏、亲子共读等。

在生命教育方面，家长自身要虚心学习一些必要的知识，以便更好地对学生进行言传身教。比如家庭电器的安全使用、防拐防骗知识、网络安全的注意事项、不良习惯的害处等。除了现身说法外，家长还要尽可能地为孩子营造舒适温馨的环境，夫妻之间要和睦相处，对待长辈要孝顺，对待晚辈要和气，让孩子形成一个健康的观念。

学校要指导家长学会培养孩子如何尊重生命、爱惜生命，欣赏和热爱自己的生命，明白在一个积极、乐观、奋进的家庭中成长起来的孩子必然会有健康的人格，并懂得珍爱自己和尊重他人的生命。

五、依托社会德育教育开展生命教育的现实路径

中小学德育教育过程中，生命教育的学习离不开社会这个大环境，社会在生命德育教育中扮演着重要的角色。所以，我们应该发挥社会的积极作用，邀请一些知名的企业家或者深受中小学生喜爱的明星来为中小学生传播健康的、积极的正能量，消除他们心中的负面情绪，增加中小学生的归属感和责任感。

随着互联网的发展，中小学生可以在互联网上浏览到各种各样内容的信息。但是，中小学生由于还不具备较强的思想道德意识，很容易受到网络上言论的影响，也很容易被网络上的不良思想改变自己的价值观念，甚至会危害自己的生命。所以，社会要给学生打造一个绿色、积极、和谐的网络学习环境。在国家出台的相关法律法规中明确指出：各级政府、监管部门以及学校之间要依法加大网络监督力度，建立完善的网络监管体系，来保证学生的网络学习安全。所以，相关部门也应该加强对不良资源、言论和信息的打击，要杜绝和抵制，要从源头消灭这些不利于中小学生身心健康发展的网络垃圾。与此同时，有关部门要加强彼此之间的沟通合作，颁布相应的文件，增强监管力度，对中小学生日常学习环境进行层层监

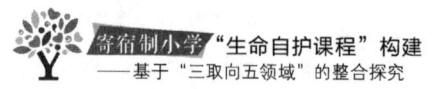

管，一经发现问题，第一时间进行处理，设立网络监督热线，确保这项工作能够长久地开展下去。

六、小结

依托德育工作开展的生命教育形式较丰富，但缺乏系统性和连贯性，这为我们的研究指明了前进的方向。教育的对象是人，只有真正关注了人这个生命体，我们的教育才会更有温度，更有力量。

第三节　依托学科课程开展的生命自护教育

一、国内依托学科开展生命自护课程的现实路径

（一）总述

教育部在《第3875号（教育类376号）提案答复的函》中明确指出，教育部高度重视青少年生命教育，这关系青少年的身心健康发展，是教育部长期以来工作的重点内容。2007年，教育部印发《中小学公共安全教育指导纲要》，提出使广大中小学生牢固树立"珍爱生命，安全第一，遵纪守法，和谐共处"的意识，正确处理个体生命与自我、他人、社会和自然之间的关系。2015年，教育部重新修订并颁布了《中小学生守则》，注重核心价值引领，明确提出"自强自律健身心、珍爱生命保安全"等要求，引导广大中小学生注重生命健康和安全。多年来，结合学生的年龄特点和生活实际，教育部在中小学品德、体育与健康、生物、化学、科学、综合实践活动等相关课程中系统安排了生命教育内容，引导学生尊重生命、热爱生命。2016年9月，受教育部委托，相关专业机构发布了中国学生发展核心素养阶段性成果，将"健康生活"列为六大核心素养之一，并明确包括了"珍爱生命、健全人格、自我管理"等基本要点。依据课程标准要

求，新编中小学《道德与法治》教材明确提出了"珍爱生命、热爱生活""乐观向上""增强自我调适、自我调控的能力，学会理智地调控自己的情绪"等内容，在青春期等关键发展阶段，从学法、知法、守法、用法角度，让学生学会用法律手段保护自己的生命健康。中小学体育与健康课程要求学生"形成积极乐观的体育行为和乐观开朗的人生态度""树立尊重生命、保护生命的意识"，培养"学生自尊、自信、不怕困难、坦然面对挫折"。小学科学课程提出"亲近自然、欣赏自然、珍爱生命"等目标。初中生物课程提出"热爱大自然，珍爱生命，理解人与自然和谐发展的意义""确立积极的生活态度和健康的生活方式"等目标内容。高中思想政治课程要求学生"探寻实现人生价值的条件和途径，阐明生活的意义，理解只有对社会做出贡献才是真正有价值的人生"。

（二）学科开展生命自护教育的现状分析

1.《道德与法治》课程是对学生进行生命自护教育的主要载体

2014年10月23日，十八届四中全会通过《中共中央关于全面推进依法治国若干重大问题的决定》（以下简称《决定》），提出要坚持依法治国和以德治国相结合，把法治教育纳入国民教育体系，从青少年抓起，在中小学设立法治知识课程。为贯彻这一《决定》，2016年6月，教育部、司法部和全国普法办联合印发《青少年法治教育大纲》，要求适时、相应修订中小学德育课程标准，完成该大纲要求的教学内容。从2016年秋季学期开始，国家将小学的《品德与生活》《品德与社会》、初中的《思想品德》统一改为《道德与法治》，在六年级下册和八年级上册设置法治专册课程。

小学《道德与法治》教材的编写，一方面依据《品德与生活》《品德与社会》的课程标准和《青少年法治教育大纲》；另一方面，立足新时代立德树人的根本任务，突出社会主义核心价值观的引领，加强中华优秀传统文化教育、革命文化教育、法治教育、国家主权意识教育、民族团结教育等。《道德与法治》由教育部组织编写，实行"一纲一本"，经国家教材委员会审查，全国通用。自2017年开始，统编教材在一年级和七年级使用；2018年在二年级和八年级使用；2019年秋季实现各年级全覆盖。2019年1月，教育部启动义务教育阶段课程标准的修订，《道德与法治》

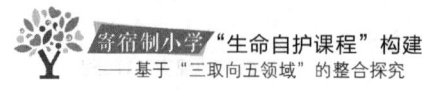

课程标准目前正在制定中。

《品德与社会》课程旨在培养学生的良好品德，促进学生的社会性发展，为学生认识社会、参与社会、适应社会，成为具有爱心、责任心、良好行为习惯和个性品质的公民奠定基础。本课程旨在引导和帮助学生在情感态度与价值观方面做到珍爱生命，热爱生活，养成自尊自律、乐观向上、勤劳朴素的态度……在能力与方法方面养成安全、健康、环保的生活和行为习惯……这一系列都是"生命自护教育"的体现。因此，在《道德与法治》教材中，生命自护教育在不同的年级和时段呈现出不同的特点，如：一年级上册第三单元"家中的安全与健康"中的"别伤着自己"板块中，分别从"家里会有危险吗""危险是怎么发生的""受伤了怎么办"等方面对学生进行安全自护教育；二年级下册的"安全地玩"从"在这里玩安全吗""我是安全警示员""我们的安全提示牌"等方面告诉学生如何做好自我保护和保护别人；三年级上册第三单元"安全护我成长"用了近20页的篇幅对"生命最宝贵""安全记心上"和"心中的110"三个板块进行了详细的阐述，从"我们的生命来之不易""爱护身体珍惜生命""平安出行""不让溺水悲剧发生""119的警示""安全通行证""有点警惕性""不要上当受骗"等内容告诉学生如何做到安全成长。随着学生的成长，安全自护的内容也逐渐发生了改变，如四年级是让学生关注"网络安全"和"校园安全"，五年级是让学生关注"社会公共安全"，六年级则是教会学生注意"防御自然灾害"。所以，生命自护无时无刻不贯穿于《道德与法治》课程中。

但是，在《道德与法治》课程的教学中仍存在以下问题：①该科目的授课教师一般由班主任或其他科目教师兼任，没有专职教师进行教学，导致教学效果差、教学不系统等问题；②《道德与法治》课程被其他课程占用的情况严重。在大多数教师眼里，《道德与法治》课程如同鸡肋，可有可无，很难真正引起家长和学校的重视。因此，《道德与法治》课程是对学生进行生命自护教育的主要载体，需要学校、教师及家长的全方位支持，以发挥它真正的作用。

2.《语文课程标准》对生命自护教育的渗透

在义务教育《语文课程标准》中有这样一段描述：综合性学习主要体

现为语文知识的综合运用、听说读写能力的整体发展、语文课程与其他课程的沟通、书本学习与生活实践的紧密结合。综合性学习应贴近现实生活，联系生活中的实际问题开展学习活动，在实现语文学习目标的同时，提高对自然、社会现象与问题的认识，追求积极、健康、和谐的生活方式，增强抵御风险和侵害的意识，增强在与自然、社会和他人互动中的应对能力。对于"增强抵御风险和侵害的意识"是语文课程中对学生进行生命安全教育的体现。在语文课程教学中，教师往往会忽略对学生的生命自护方面的教育。因为教师大多会认为语文教学就是对字词句段篇的教学，教学生做人懂礼，而常常忽略对学生进行生命自护方面的教育。其实，在教学中，我们可以通过一些字词感受生命的可爱和崇敬，通过一些篇章体会如何做好生命自护。而且，一些实践活动的顺利开展往往需要以扎实的生命自护相关知识储备作为基础。所以，我们需要深挖教材，让生命教育无处不在。

3. 科学课程是生命自护教育的理论基础

《小学科学课程标准》指出："小学科学课程是一门综合性课程。理解自然现象和解决实际问题需要综合运用不同领域的知识和方法。小学科学课程针对学生身边的现象，从物质科学、生命科学、地球和宇宙科学、技术与工程四个领域，综合呈现科学知识和科学方法，强调这四个领域知识之间的相互渗透和相互联系，注重自然世界的整体性，发挥不同知识领域的教育功能和思维培养功能；注重学习内容与已有经验的结合、动手与动脑的结合、书本知识学习与社会实践的结合、理解自然与解决问题的结合，着力提高学生的综合能力；强调科学课程与并行开设的语文、数学等课程相互渗透，促进学生的全面发展。"课程大纲将"生命科学"作为科学课程的四大领域之一，由此可见其重要性。对于生命教育在各学段的要求，如表3-1所示。

表 3-1　生命教育在各学段的要求

领域	科学知识学段目标		
	一、二年级	三、四年级	五、六年级
物质科学	观察、描述常见物体的基本特征；辨别生活中常见的材料；知道常见的力	测量、描述物体的特征和材料的性能；描述物体的运动，认识力的作用；了解不同形式的能量	初步了解常见物质的变化；知道不同能量之间的转换
生命科学	认识周边常见的动物和植物，能简单描述其外部主要特征	初步了解植物体和动物体的主要组成部分，知道动植物的生命周期；初步了解动物和植物都能产生后代，使其世代相传；能根据有关特征对生物进行简单分类；初步认识人体的主要生命活动	初步认识人体的主要生命活动和人体健康；初步了解动物与植物之间的相互关系；了解生物的生存条件和生物的多样性

目前，小学科学学科的教材过于注重理论，没有突出小学生学习阶段的特点；教学目标往往只注重知识目标，忽视了情感教育和价值观的培养。因此，在小学科学教学中有效渗透生命教育，使小学科学教学在小学生生命教育的过程中扮演重要角色，还需要我们不断努力。

4. 体育课程是生命自护教育的践行者

体育与健康课程以"健康第一"为指导思想，努力构建体育与健康的知识与技能、过程与方法、情感态度与价值观有机统一的课程目标和课程结构，在强调体育学科特点的同时，融合与学生健康成长相关的知识。通过体育与健康课程的教学，使学生掌握运动技能，发展体能，逐步形成健康和安全的意识以及良好的生活方式，促进学生身心协调、全面地发展。

因此，体育与健康课程是生命自护教育的延伸和实践，学生在课堂中知道如何正确、合理、科学地运动，就能够确保自身的健康成长。

心理健康学科，教师采用个别辅导、班级心理辅导活动课、心理健康周、心理宣传栏等各种方式，向学生传授青少年发展心理学的简单知识，使学生对自身的心理发生、发展过程及其规律有一个基本的了解，对于解决学生中一般的心理问题起到了重要的作用。在开展心理健康教育的过程中把生命教育作为重要内容，可以帮助学生树立正确的生命观，培养学生珍惜和尊重自己、他人生命的态度，增强学生的爱心和责任感，帮助学生提高调控自我、发展自我的能力。

语文、英语学科发挥文以载道的作用，渗透人性的教育和人文意识，提升学生对生命价值和意义的理解；美术、音乐学科用艺术美感陶冶学生情操，提高学生的审美情趣，激发学生对生命的热爱之情。

(三) 总结

生命自护教育是关于生命的教育，是对人这一复杂个体的认识，教育内容涉及学校各个学科领域。科学、品德与生活、品德与社会、体育等学科，是生命教育的显性课程。要在这些学科的教学中增强生命教育意识，挖掘显性和隐含的生命教育内容，分层次、分阶段，适时、适量、适度地对学生进行生动活泼的生命教育。在生命教育的主阵地——课堂教学，我们将生命教育融入学科教学，既丰富了生命教育的途径，增强了生命教育的效果，又推进了学校课程改革的实施，从而多方面提升教育质量。生命教育不仅是一门单一的课程，更应该是一种教育理念。教师要在相关学科教学中渗透生命教育的观念，整体把握教材，找准与生命教育有关的结合点，精心设计教学环节，使学生于潜移默化中学会爱惜自己的生命，进而学会尊重、关怀他人的生命，树立正确的世界观、人生观和价值观。

第四章
生命自护课程的取向与领域

第一节 生命自护：生命教育的基点与终点

中国儿童生活的客观环境急剧变化，使儿童阶段成长压力大，导致儿童自伤、自杀发生率较高。若儿童不能很好地认识自己，沉迷虚拟世界，很可能会出现漠视生命的现象。2014年世界卫生组织的报告《预防自杀：一项全球要务》提出，自杀已成为15~29岁年龄段人群的第二大死亡原因，而且每年自杀未遂的人数远远超过自杀死亡人数，甚至每个月就有两名10~14岁的孩子自杀，而且全球10~14岁女童的自杀率有上升趋势。我国学者在北京、广州、杭州、四川等地区开展儿童自杀、自我伤害等相关问题现状调查后发现，儿童自杀问题的检出率较高，自伤、他伤、自杀等行为发生率也有明显增长。

耿庆山等发现，儿童自杀率高可能主要与其课业紧张、身心负担过重、自我认同感低、心理承受能力较差和生命意识缺乏有关，再加上儿童心理本身比较脆弱、情绪波动较大等因素就更容易引起儿童以死来体现自我价值和勇气的想法。但由于受我国传统思想和风俗习惯的影响，国内多数家长忌讳谈论和回避死亡话题，即使遇上亲属去世，有关去世者的信息和话题也会被禁止。面对死亡问题忌讳的社会氛围使得多数中小学校尚未开展与死亡相关的教育，再加上日常生活中不乏音乐、艺术、文学、动画影片等对死亡的浪漫性、美好化的描述和社会媒体对死亡事件的失范报道，将自杀行为喜剧化、浪漫化、夸大化，容易引发尚未形成独立思考的儿童曲解死亡概念，产生不珍惜生命的行为。报道自杀事件的网络性新闻很少会报道自杀事件带来的严重后果，尤其是对其家人和朋友造成的严重心理伤害未加以说明，加上自杀的网络新闻常使用耸动、煽情的新闻标题与文中真实信息不一致，致使儿童可能会无法辨别这些冲突的信息，而建立一些错误的生死观念，甚至还可能会引发自杀传染，最终不利于整个社会的自杀干预和健康促进。

儿童阶段可能会经历死亡事件，若不能很好地调适儿童的悲伤情绪，可能会出现很多不良心理反应。我国台湾地区学者陈锡琦等发现，学生第一次经历死亡的年龄以7～12岁居多，小学六年级就有超过80%的学生曾接触过死亡事件。张林等针对社区11～16岁儿童创伤事件的调查显示，儿童自身经历的创伤性事件中，发生频率最高的是自己很重要的人的死亡。在面临丧亲等生活巨变时，儿童青少年普遍会表现出生理、情感、行为和认知上的强烈反应，若他们刻意埋藏心中的悲伤和痛苦，抑或是他们的哀伤行为被外界忽视或误解，就有可能会引起儿童青少年各种生理、心理和认知上的问题，如焦虑、抑郁等。Wolchik等通过纵向调查50名曾经历过丧亲过程的青少年后发现，能够积极向外界寻求身心支持、帮助的孩子，在人际关系方面优于其他人；若家庭能以真诚、公开的态度向儿童说明死亡的真实缘由并恰当处理悲伤情绪，可以帮助儿童建立正确的防御机制，以调节不良心理、深化对生命的正确认识。

中小学生命自护课程（以下简称"新课程"）的指导思想要以基础教育课程指导思想为前提，以体育与健康课程指导思想为基础。"安全第一"将成为"新课程"的指导思想。"安全第一"就是要首先保证中小学生的生命不受到威胁，在遇到危险时可以保护自身的生命不受或少受侵害。把"安全第一"作为"新课程"指导思想是"健康第一"指导思想的升华和延续。中小学生只有在保证生命安全的前提下才能够实现体育与健康课程"健康第一"的目标。没有生命，健康也无从谈起。所以，"安全第一"也是"健康第一"的前提和保障。而"健康第一"和"安全第一"又都是《基础教育课程改革纲要（试行）》的具体体现。在"新课程"中不仅要坚持"安全第一"，也要坚持"健康第一"的指导思想。前者是后者的基础，后者是前者的更高要求，两者是相辅相成的。

"新课程"设计的首要目标是保证中小学生生命安全。"新课程"内容设计应该注意以下几个问题：第一，"新课程"不是生命安全教育课和体育与健康课程的简单相加，而是两者的有机结合。在"新课程"中，要让

学生既能掌握体育运动的基本技术，享受运动带来的快乐，又能学习和掌握自护自救的能力，来保护自己的生命安全。第二，"新课程"的设计是一个系统的过程，在设计的过程中要自成体系，要根据中小学生不同年龄段的身体和心理特征设置不同的教学内容。第三，"新课程"的设计要有侧重点，各地区的不同学校依据当地不同的地理环境、气候条件，有针对性地设计课程内容。

第二节 三取向：生命自护的价值取向

一、对身体的保护和护理

对身体的保护和护理是指具体追求对自我身体的认知、情感和正确的行为。

儿童的社会性源于对自然的热爱，对生活的认识、感悟与体验。儿童是学生生活中活泼的个体，他们最终都要走向社会，回归自然生命，我们的课程只有回归儿童具体生活的世界，反映人类生命真谛，引导学生认识生命、感悟人生，使生活与生命成为学校教育的主要组成部分，才能培养出适应社会生活、个性鲜明、人格完善的儿童，才可能实现生命教育课程的价值。生命教育校本课程开发的深度及内容要符合小学生的年龄特点和思维发展规律，体现新课改的课程结构的综合性、均衡性与选择性，体现课程内容的适应性和现代化。

生命教育校本课程要着眼于全体学生身心的和谐发展，为学生的终身幸福奠定基础；着眼于学生个性的健康发展，为提升学生的生存能力和生命质量奠定基础；着眼于增强学生在自然和社会中的实践体验，为营造健康和谐的生命环境奠定基础。

生命教育以辅助学生成才为目的，而不是以传授知识为目的。生命教育所有的教学要求必须通过学生自己的认同、领悟、实践才能真正实现，所以，实践是生命教育最基本的教学形式。生命教育的课堂为学生提供了一个交流实践心得的平台,使学生通过交流获取新的实践力量、勇气与方向。我们要鼓励丰富多彩的实践教学方式,让广大学生勇于生活实践、勇于改变并超越自我。

小学生命教育课程以科学发展观为指导,参考其他学科的研究成果,根据小学生身心发展特点,结合学生的学习生活实际,从生理、心理、品德等方面对学生进行教育。

以培养小学生生命意义,形成科学生命观,从而形成以珍爱生命为宗旨的具有综合活动性质的校本课程,是通过学生的具体活动以及体验来教学的。生命教育课程教学以活动和体验为主体,提倡体验式的教学活动。小学生命教育课程与现在开设的心理健康、品德与生活、社会、自然等课程,构成小学生完整的生命知识结构。

生命教育课程担负着培养小学生认识生命意义的重大责任。学习生命教育课程,能够让小学生保持与生俱来的好奇心,珍惜生命,挖掘学习的潜力,为儿童成为具有创新精神、富有责任心的新一代打下良好的基础。有研究人员指出,小学生命教育课程开发与实施的宗旨是努力达成学校实施生命教育的三级目标:第一层目标是通过学校生活培养学生珍惜生命、热爱生命的意识;第二层目标是寻求更进一层的发展,包括自我发展、学业发展、人际关系的发展、兴趣的发展、情感的发展,等等;第三层目标就是自我实现,让理想与现实吻合,发扬生命的光辉。

也有人认为,生命教育就是追求生命的幸福,幸福是人生的最高境界,教育要保证青少年在接受教育过程中拥有一种愉悦的体验,过得快乐与幸福。

根据学生特点和实际校情,生命教育的总目标是:着重帮助和引导学生了解自身的成长基本过程与发育特点;掌握安全常识和生存技能,养成良好的生活习惯;初步树立正确的生命意识,学会与他人交往的技能,完善人格、快乐成长。

总之,生命教育就是为了人的生命的成长与发育,为了生命的生存、享受与发展,为了提升人的生命质量。

在《体育与健康课程标准》中,以基础教育课程改革的指导思想为前提,把"健康第一"确定为体育与健康课程的指导思想。"健康第一"理念是基础课程改革指导思想的具体表现。"健康第一"就是要在体育课程的目标设定、内容涉及和内容选择的标准上，一切以学生的健康为目的。1948年，世界卫生组织在其宪章中给健康下了这样一个定义：健康是一种在身体上、精神上和社会上的完好状态，而不仅仅是没有疾病和衰弱的状态。"健康"的英文 health，其主要含义是安全的、完美的、结实的。由此也可以看出安全是健康的首要任务。

二、对心理的保护和护理

对心理的保护和护理是指具体追求对心理的自我认知、对积极情感的养成以及与之相对应的正确的行为。

首先，遵循灵活多变的心理健康课程教学内容选择方式，从学生适龄阶段的心理特点入手，选择与学生日常生活相近的情境和感兴趣的话题，不以既定内容进行死板的填鸭式教学。其次，心理健康课程应该多以趣味性强的游戏法、角色扮演法、讨论法等为主要方法，而将知识讲授法作为辅助教学方法。再次，心理健康课程的教师队伍主要是由兼职教师构成。所以，心理健康课程的全面实施需要全体教师共同努力，毕竟奋斗在教学一线的专职心理健康教师稀缺，其能力也是极为有限的。最后，要从课程实施的效果，即是否提高学生积极、乐观、健康、向上的品质等方面，完成课程评价体系。

心理健康课与品德教育、思想政治教育既有联系又有区别。突出心理健康课程特色的方法，便是去学科化教学倾向。心理健康课程可以与其他学科教学进行有机结合，不必依照其他学科按照讲授知识的连贯性、以教材为基础的有序性进行。心理健康课程的内容选择，应以学生心理需求和特定阶段心理发展特点，依照课程目标科学制定。传统学科以增长学生文化和智力为重心，心理健康课程应该以增强学生在课堂的体验与感悟为重心，改善学生的行为，提高学生心理能力，促进学生多元智力发展，塑造积极情感，是学生知、情、意、行全面发展的过程。

因为在传统教育观念的深刻影响下，家长根本不够了解怎样教育子女的理论知识，所以他们所使用的教育方法根本没有办法满足孩子的发展规律。如果要彻底改变这种现象，就必须要求学生家长接受一些系统而全面的教育知识。社会也有责任为所有的学生家长提供一个良好的学习条件。比如，建立一个家长学校，帮助他们更加正确地了解怎样妥善处理自己与孩子间的教育问题，避免再出现一些溺爱型父母以及专制型父母，让所有的学生家长都树立一个正确的教育观，从而科学、合理地辅导孩子的学习以及发展。

首先是团体辅导。团体辅导可以借助专题讲座以及专题活动等方式，为学生提供一个较为全面的辅助，主要目的是营造良好的班集体氛围，帮助学生养成良好的行为习惯，激发群体积极向上的精神。其次是个案教育。小学生个案教育是对上述心理辅导的补充以及深入。个案的对象必须具备一个典型的意义，可以是智优学生以及模范学生。将它们视为个案对象，可以让本人知道或不知道，主要按照研究需要来决定。个案教育通常需要进行很长时间的跟踪研究。学生在学校里会接触到很多的教师，所以，学生个案教育最好采用合作的方式展开，以负责人为主，多名教师一起观察以及研究同一对象。不过，需要注意的是，务必做好个案教育方面的真实记录，将具体情况认真地描述出来，可以通过观察笔记以及访谈记录等各种方式。除此之外，不但要保证该份记录的真实性，还要充分考虑到记录者的个人感受，并充分保障学生个案资料的完整性。从原则上来看，学校不可以私自公开任何学生的个人档案。

三、信念的初步形成

信念的初步形成是指具体追求对组织、人民、国家正确的认识与认同。

党的十八大以来，以习近平同志为核心的党中央，要求全面贯彻党的教育方针，坚持教育为社会主义现代化建设服务、为人民服务，把立德树人作为教育的根本任务，培养德智体美劳全面发展的社会主义建设者和接班人。一是扣好人生的第一粒扣子。2014年5月4日，习近平总书记在北京大学考察时指出，青少年的价值取向决定了未来整个社会的价值取向，而青少年又处在价值观形成和确立的时期，抓好这一时期的价值观养成十分重要。这就像穿衣服扣扣子一样，如果第一粒扣子扣错了，剩余的扣子都会扣错，人生的扣子从一开始就要扣好。二是加强社会主义核心价值观教育。让社会主义核心价值观在少年儿童中培育起来，家庭、学校、少先队组织和全社会都有责任。学校要根据少年儿童的特点和成长规律，循循善诱，春风化雨，努力做到每一堂课不仅传播知识，而且传授美德；每一次活动不仅健康身心，而且陶冶性情。三是强调理想信念教育。习近平总书记指出，要从小学习立志。一个人可以有很多志向，但人生最重要的志向应该同祖国和人民联系在一起，这是人们各种具体志向的底盘，也是人生的脊梁。

立德树人对小学生的理想信念教育提出了至高的要求。理想信念教育既是小学生道德教育的重要内容，又是小学生素质教育的关键要素。确立了理想，人生就有了目标。有了理想，就有了动力；有了理想，就奔涌出力量；有了理想，就提出了要求；有了理想，就会形成正确的世界观、人生观、价值观。中国学生发展核心素养的三个方面，无论是文化基础、社会发展还是自主参与，都渗透着对理想信念的追求。理想信念对学生情感、态度、价值观等多方面的潜移默化的影响，是每一名学生获得成功生活、适应个人终身发展和社会发展的迫切需求，也是成长为全面发展的完整的人的必备素养。

自我概念是个体在长期的生活中形成的一种相对稳定的、综合的自我观。自我概念是一个有机的认知结构，由态度、情感、信仰和价值观等组成。自我概念会对以后的学习成绩、社会性发展和心理健康产生重要影响。它的形成是青少年儿童社会化、人际化的重要方面，在形成过程中要注意班主任引导因素、社会文化背景因素、积极评价因素、人际交往因素等。

少年儿童正处在成长的关键期，发展潜力大、可塑性极强，自我概念形成的不确定因素较多，只有高度重视并合理运用，才能使青少年形成积极的自我概念。班主任必须充分利用学校和班级这个育人场所，通过课程育人、文化育人、协同育人、活动育人、实践育人，对学生进行理想信念的养成教育。

与时俱进，开展理想信念教育。根据最新的时政要求开展主题队会活动,引导学生把握时代脉搏,深化理想信念。比如,"红领巾相约中国梦"系列主题队会,结合小学生形象直观的思维特点,联系生活经验,把"中国梦"的教育内涵转化为儿童化的具体表达,综合运用正面教育、实践体验、社会观察等方式,通过集体队会、少先队活动课程、雏鹰假日小队等活动载体,发挥文化产品、电视媒体、新媒体的积极作用,重点开展好讲述中国故事、体验中国发展、讨论中国现象、畅想中国未来和"中国梦好少年"的争章活动,增进小学生对"中国梦"的政治认同、情感认同、价值认同,引导学生志存高远、增长知识、锤炼意志,为实现"中国梦"做好全面的准备。如2018年10月13日是少先队的建队节,我们以少先队的名义,集合在火红的队旗下,庆祝少先队建队69周年。用儿童自己的方式,以一次庄严的仪式、一个快乐的节日、一份美好的情怀、一个朴素的心愿、一个成长的故事、一段嘹亮的宣言、一首成长之歌,表达"红领巾心向党"的幸福,与爱国主义教育相结合进行理想信念教育。爱国主义教育是对学生进行理想信念教育的有效途径之一。

教师在德育内容的呈现上要注重创新,不能局限于书本和单一地讲解。可以借助一些故事性的内容,更加深刻地传达爱国主义的思想和意义,来感化和点醒学生。故事是快速激发学生情感共鸣的一种有效的教学方法。

在爱国主义教育中运用故事,能够很好地感染学生,让其形象地理解较为复杂的情感内容。在讲故事的过程中,可以结合一些相应的历史事件,来渲染故事情节的冲突与高潮。学生在教师的叙述下,热情高涨,情绪随着故事的进展起伏。最后,再对故事中所蕴含的情感和精神信念进行总结,从而呼应爱国主义教育的主题。利用好每周一的升旗仪式,让学生体会祖国的神圣感。组织开展好爱国主义主题班队会,如结合"一二·九"爱国运动,进行诗歌朗诵欣赏;清明节期间通过"网上祭英烈"活动,引导小学生学习党史、国史和英模事迹,感知幸福生活来之不易,继承先烈遗志,弘扬优良传统。

个人理想信念包括生活理想、职业理想、道德理想。例如,南京市琅琊路小学的小主人课程是培养小主人素养的专门性课程。课程强调自主选择、主动探究,强调儿童在学习上早知道、会安排、能落实、有反思,通过创新设计（小主人工程院）、创编表演（小主人梦剧场）和创意生活（小主人生活馆）的方式，在集体的、学习的和生活的情境中，学我想学的本领，做我想做的事情，解决我想解决的问题，提高个人的"小生活"和公共的"大生活"的能力。学生在三个场馆学习，积累丰富的生活体验和职业体验。儿童的理想，在"真"兴趣的引领下，在教师生活化的指导下，在实践体验中逐步强化，初步形成生活理想和职业理想，并从中获取极大的愉悦感和满足感。

第三节　五领域：生命自护的范畴

一、自我学习心理的保护和护理

（一）培养性格多样性

伯特兰·罗素说，世界因参差不齐而美丽，性格亦如此。思想和性格存在密切的逻辑关系，思想决定的是行为，行为决定的是习惯，习惯决定的是性格，性格决定的是命运。性格最终决定命运的逻辑关系说明了培养学生好的性格对其人生的发展具有极其重要的作用。

这一逻辑关系又说明了良好的性格养成是多个因素共同作用产生的结果，心理健康课程应该让学生养成良好的习惯、纠正学生的错误行为、指导学生形成正确的思想，从而培养学生的良好性格。人的性格各有不同，但所有性格无论内向和外向，只要不妨害他人的正常生活，就应该得到尊重和宽容。优化心理健康课程内容，培养学生的性格多样性，为孩子们健康自由地发展营造成长的空间。

（二）正确处理人际关系

正确处理人际关系是小学心理健康课程的重要内容。当今的小学生由于家庭规模小，几乎都是独生子女，日常生活中没有兄弟姐妹可以相处，与同龄人相处的经历特别少,遇到问题不知道该如何处理。正确处理人际关系在小学生心理健康课程内容中应该得到重视。自信、换位思考、尊重他人,是引导小学生正确处理人际关系的基础。在心理健康教学活动中首先要做的便是注重人文关怀,建立平等师生关系,不仅专职心理健康教师要注重保持平等师生关系,班主任和其他学科教师也应该注重人文关怀,良好的师生关系是教会学生与人相处的良好开端。对学生的人文关怀主要表现为关怀学生的心理活动状态。教师要充满责任地爱学生,学生要尊重并敬爱自己的老师。苏霍姆林斯基说过:"你面对的是儿童极易受伤和脆弱的心灵,学校里的教学应该是学生与教师在心灵上的接触,而不是教师毫无热情地将知识塞进学生的脑袋。"

尊重学生独立人格,以人为本,学生和教师应该成为良师和益友的关系。心理健康课堂上应该允许学生有不同的意见,学生对教师提出疑问,教师要以平等的关系给予解答。心理健康课堂应该以情感相容为基础,营造平等交流、无拘无束的氛围。对待学习特别困难的小学生更应该给予特别的关注,而不应该给予严厉的批评或者指责。教师应该通过活动深入学生的心灵,消除学生内心的紧张感,在课堂上、在教学过程中捕捉学生微妙的心理变化。教师要把自己当作儿童,以儿童的思维来捕捉学生微妙的心理变化,体验学生的情感,与学生融为一体,通过生生互动、师生互动的教学模式,树立学生的自信心,提高学生处理人际关系的能力。

(三)树立理想与正确的人生观、价值观

孩子最初的理想是纯真而又坚定的,教师应该尊重学生的理想,通过心理健康课程的实施,引导学生树立正确的人生观和价值观。在心理健康课上,教师要勤于观察学生的兴趣点和兴奋点,避免照本宣科僵化心理健康课程的内容,并开展创生性教学活动,以灵活多变的形式,激发学生对理想的憧憬。

二、时间管理

时间管理(Time Management)指通过事先规划和运用一定的技巧、

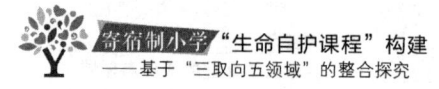

方法与工具实现对时间的灵活及有效地运用,从而实现个人或组织的既定目标。时间管理能力的高低对提升学生群体的学习效率有着至关重要的作用,所以时间管理课程应在该群体中广泛开展。

小学阶段作为学习生涯的开始,重在培养学习习惯。因此,从小学阶段就开始实施时间管理课程具有现实意义:从现象上看,许多小学生都有拖延、迟到、散漫的情况,课程实施可促进其自我管理、学习与成长;从年龄阶段看,小学生的思维具有不稳定的特点,行为还未定型而处于塑造阶段,所以在学习习惯的培养方面可塑性强。

但从目前的情况来看,小学生时间管理辅导课程的开展情况却不容乐观,存在着课程缺失、忽略小学生团体的年龄特点、缺乏目标导向等问题。因此,为了促进小学生时间管理能力的发展,应设计出一套"接地气"的训练课程,从而良性循环的影响学生的学习与生活。

目前,团体辅导是一种认同度较高、效果较好的时间管理课程的教授方式。相关研究人员如丁红燕、王警可等,他们均指出,时间管理团体辅导模式对时间管理能力的提高有显著作用。结合上述研究,福州市未成年人心理健康辅导站团训师通过前期资料收集、实证考察,参考我国台湾心理专家林培雄时间管理课程的有效实施资料,有针对性地研发出相应的小学生时间管理团体辅导课程,并对其可行性做实证探讨。

时间效能感是个体对时间管理的信心以及对时间管理行为能力的估计。

黄希庭指出,时间管理倾向的核心维度是时间价值感(社会取向和个人取向)、时间监控观(设置目标、计划、优先级和反馈性)和时间效能感。小学生要学会有效的时间管理方法,需要将上述三点融入课程设计中,并将其作为课程关注的核心问题。

第一,时间价值感是时间管理辅导课程的核心,即点燃个体的时间管理渴望。众所周知,时间管理的主体是人,人只有拥有了"渴望",才能促使自身学习。如果小学生发现自己的时间管理是建立在自己感兴趣的项目上,他们的积极性自然就会提高。

赋予小学生时间价值感,使其成为自己时间支配的主人。简单说来,即社会价值指小学生的人生发展规划与适应社会要求的发展标准,个体价值指自己的生活兴趣点。

第二，除了渴望之外，还需要教授个体对于时间管理的操作技巧，这样才能有效地安排时间，即发展小学生的时间监控感。教师和家长应给予正强化，通过"胜利感"的点滴积累，引发"我能行"的优越感，让孩子在今后更加有信心地对自我的时间进行管理。这也需要规划在课程体系内。

结合时间管理课程关注的核心问题、实践验证与文献参考，研发相应的"接地气"的小学生时间管理团体辅导课程模式。笔者将时间管理课程主要分为五大部分：点燃渴望、时间管理技巧的习得、职业生涯规划（设置目标）、时间主导权的争取以及具体实践部分。以上五个环节分别对应上述小学生时间管理中关注的问题，如表4-1做一个概述。

表 4-1　小学生时间管理课程设置

时间管理维度	课程模块	目标	内容	准备材料
时间价值感	点燃渴望	点燃个体时间管理渴望，发挥人的主观能动性	1. 时间管理初认识 2. 时间饼制作与小组讨论 3. 时间加减乘除	时间饼、彩铅、时间管理影片
时间价值感	职业生涯规划（设置目标）	树立目标，明晰职业选择道路上自身具备的条件以及需要继续掌握的能力	1. 选择职业调查项目阐述 2. 设计调查表与规划制定 3. 调查 4. 汇报确认自己的职业目标	职业生涯规划表、A4纸
时间价值感	我的时间我做主	增加学生时间管理主人翁精神	开展与父母的时间管理主导权PK辩论赛	
时间监控感	时间管理技巧的习得	学会时间管理技巧	四象限原则、优化原则、我国台湾地区时间管理课程中的表格应用等	时间管理相应表格
时间效能感	具体实践部分	应用以上习得对自身实践进行操作	时间地图，即对每一天整体的概括；假期巧安排（由学生自己仪式化打钩标志完成项目）	

第一,课程模块一"点燃渴望"部分设置了"时间饼"环节,在相应的针对时间饼的加减乘除中点燃学生渴望。操作如下:①让学生课前制作一张时间饼,这张时间饼上的项目包括数学作业、语文作业、玩电脑、吃饭等(常做时间项目)。时间象限以具体事例试作阐述。指导语引入时可告知学生这张时间饼的安排只是"想要做"并非"必要做",哪怕你三个小时都只是想打电子游戏也是可以被接受的(加强学生的支配自主权)。②对时间进行"加减乘除":减一减——当未知事件发生后相应减少时间项目,如肚子疼、访客造访、发呆、无文具等(后面称作时间拦路虎)。当相应时间被减少时,这一操作会诱发学生的内在焦虑感;加一加,学生诱发了时间紧迫感后,内在时间管理动力被激发,就会产生克服拖后时间进程的拦路虎的想法,人对于失而复得的东西都格外珍惜,此时便开始对珍惜时间操作进行分析与建议;乘一乘,让学生实践操作,分别将学习时间乘以周数、月数和年数。久而久之,这些数字会产生质的变化。每天学习时间为0分钟的学生一年后的学习时间仍然是0分钟,而每天学习时间是60分钟的学生一年后的学习时间是21900分钟,数字之间产生的巨大差异会引发学生对于时间管理的自动思考,而这也就是教育润物无声的魅力,能自动地发挥学生的主动性。

第二,课程模块二涉及职业生涯规划(设置目标)问题。之前说到,大学生的时间管理是基于生涯规划的结果,有了目标导向才能有的放矢。那么,如何制定个体时间管理的目标呢?发展目标是关键,其中相关性最强的是职业生涯规划。因此,可以让学生进行生涯调查。例如:你成为教师需要具备什么样的技能以及准备?通过对职业生涯的调查与体验,触发小学生对于今后自我目标设置的思考。

第三,课程模块三解决时间主导权问题。课程的处理还会考虑到父母对于孩子时间的支配权问题,因此,在课程设置中会加入PK辩论环节,让家长与学生就"我的时间谁做主"进行辩论。这样做的原因是让双方了解彼此在时间管理问题上的安排并达成初步共识。

第四,教授时间管理技巧,培养学生的时间监控感。技巧的习得包括四象限原则的教授、番茄时钟的用法、优先原则的安排,以及结合各学科的学习渗透时间管理技巧的学习,并且采用团体辅导中朋辈督导的方式进行同伴的时间管理技巧的纠错与完善,真正发挥每个个体的作用。外化的奖项设置与仪式感的完成标记设计也能帮助学生监控时间。

三、审美

开设校内艺术托管班,弥补艺术课程抢占漏洞。根据学校艺术课程抢占程度对小学生审美情趣的差异分析,抢占程度越严重,学生审美情趣水平越低。

开设校内艺术托管,可以激活学生的艺术积累。小学下午放学时间较早,学校可以开设舞蹈托管、合唱托管、书法托管、美术托管、戏剧托管等。这些艺术托管不是为了单纯地传授艺术知识技能,而是以此为基础布置一些活动,让学生根据所学的内容去完成。教师在这个过程中要解决学生的疑难,做到有效地引导。由于小学生的注意力容易分散,托管时间不宜太久,一节托管最好为一小时,一周两次。校内艺术托管班由所任学科教师担任。例如,学校设置不同主题的艺术主体,在每月结束时组织各艺术托管班进行交换互动。具体操作如下:舞蹈托管班的学生跳本月主题所学舞蹈,戏剧托管班的学生看完后把舞蹈主题的内容用戏剧的形式表演一遍,美术托管班的学生画出本月学习的主题内容,合唱托管班的学生要运用合唱知识技能唱出美术班所表达的主题。以此来看,学生在学习艺术知识技能的同时,能够将所习得的艺术方法变活。而且,这些艺术积累能够在学生的脑海里形成深刻的烙印,使艺术知识技能真正地成为学生自己的东西。

适当组织户外郊游活动,点燃学生发现美、感知美、欣赏美的能力。学校通过组织学生郊游等形式,引导学生热爱生活,利用课外实践接受美的熏陶。

我国乡村建设教育家陈鹤琴认为,亲近大自然,能让儿童在与自然的直接接触中、在亲身观察中获取知识。在郊游活动中,小学生可以亲近大自然,在观察大自然的过程中感受大自然的美,开阔眼界,提升欣赏美的能力。例如,音乐课上学习一首关于孔雀的歌曲,教师要求学生做到会唱会跳。可能很多小学生只在图片上或电视中见过孔雀的样子,所以,学校

如果带领学生去动物园郊游，能让小学生更真切地感受到孔雀的形态美、颜色美和自然美。在教师教孔雀舞动作的时候，学生就会模仿得更形象。

由此可见，适当地组织户外活动，能够提升小学生发现美、感知美和欣赏美的能力。只有通过自己的所见所想这一系列的情感体验，小学生才能敞开心扉，更好地表现自己。

开发多样化校本课程，深挖丰富的审美资源。针对最喜欢的学科对小学生审美健康差异的影响的研究，笔者发现，高年级小学生在语文、音乐和美术学科上获得的审美健康教育效果更好。

开发相关学科的校本课程有利于提升学生的审美健康。校本课程旨在发展学生个性特长的、多样的、可供学生选择的课程。学校和教师通过深挖教材中的审美资源并对其进行选择、改编、整合、补充、拓展，让学生在这些课程活动中潜移默化地树立自己的审美价值取向。例如，学校可以根据小学音乐教材中常用到的乐器，如电子琴、扬琴、口风琴等，收集与这些器乐相关的基础知识和能够树立学生正确价值观的作品，经过整合、补充和拓展呈现出来；根据语文教材可以开设美文鉴赏校本课。语文教材蕴含着深厚的人文底蕴和多彩的艺术形象，注重弘扬中国优秀传统文化，有很多文章都是美的宝藏。而在语文课程的学习中，教师为了达到教学目标，对文章中存在的审美内容有所忽略。如四年级课文《桂林山水》："桂林的山真奇啊，一座座拔地而起，各不相连，像老人，像巨象，像骆驼，奇峰罗列，形态万千；桂林的山真秀啊，像翠绿的屏障，像新生的竹笋，色彩明丽，倒映水中；桂林的山真险啊，危峰兀立，怪石嶙峋，好像一不小心就会栽倒下来。"这段话的教学重点是排比句的运用，所以，教师往往会略过文章内在的韵味美和形象美。

积极组建采风活动，培养学生的创新意识。采风在古代原指搜集民歌，在当代主要是指收集地方特色素材，感受地区风土人情、传统文化和民间特色。通过具体的事物来激活学生的灵感，带他们领略经典的文化遗产和不同的自然风光，切身感受到这些是人类文明发展的宝贵财富，是人类文明的精华，学校有义务让小学生去掌握它、了解它，使这些优秀的文化遗产走进孩子们的世界。对于小学生而言，学习再多的艺术知识、技能和方法，掌握各种才能，但没有真正切身感受文化传统，作品和表达就会失去灵魂。参加采风活动可以激发小学生感受美、欣赏美、创造美。例如，我国每个地区都有民族特色，学校可以组织小学生到周边地区领略自然风光，了解民俗风情，寻找文物古迹。教师可以要求小学生把当地特色、文化、景观等记录下来，学生在发现、感受和体验的过程中相互交流，心中也积攒了自己的想法。语文教师可以让学生搜集相关资料，根据自己的所见所想进行写作；音乐教师可以让学生根据之前的艺术积累创编该地区所具有的特色歌曲。比如，东北的歌曲节奏很欢快热烈，学生就会在脑海中构建表现欢快的节奏类型，从而进行创作；而美术教师可以让学生把对采风活动的所见所感用艺术的形式表达出来。艺术源于生活却高于生活，培养学生的艺术表达和创意表现的意识需要让他们拥有发现美的眼睛，学校要把握好当前小学生认知飞速发展的阶段，让小学生的想象力和创造力得到充分的发展。

四、自我理财（财商）

由"理财"的词性可知，理财教育突出"动手"，强调"做中学"。因此，与其他学科课程相比，理财校本课程应突出"活动"。而且，理财教育的核心目标——财经素养是指个体在有关财经知识学习的过程中形成的，以财经意识、态度、价值观为精神内核并形成良好的理财能力、获得有效解决实际问题方法的一种内在涵养。因此，理财校本课程的性质可以概括为实践性、综合性、开放性。

（1）实践性。理财校本课程是知行统一的过程，通过理财知识的学习，培养学生解决生活中理财问题的实践能力，从而使学生具备一定的财经意识，形成良好的财经素养。课程设计与实施注重联系学生的生活实际，引导学生在实践中发现和提出问题，在亲身参与丰富多样的理财活动中，逐步形成探究意识和创新精神。

（2）综合性。理财校本课程的目标基于三维目标体系进行构建，不仅注重理财知识的学习、理财能力的培养，更强调财经意识和态度的形成。本课程内容体现个人、生活和社会的内在整合，彼此间关系层层递进、螺旋式上升。此外，部分课程内容还会有机融合数学学科、德育内容等。

(3) 开放性。理财校本课程的素材主要来源于生活，根据社会中的理财热点和学生认知发展需要，广泛吸纳社会热点事件；课程实施空间从课内向课外延伸，从课堂向学校、家庭和社区扩展；课程评价关注学生的差异性，自评与他评相结合，形成性评价与总结性评价相结合，质性评价与量化评价相结合，以多元指标评价学生的发展。

财经素养是核心素养的重要组成部分，是理财教育目标框架体系内的核心内容，是素质教育的应有之义与价值追求。当前，我国的新课程以知识与技能、过程与方法、情感态度与价值观作为目标，而不同学科在构建三维目标时又各有侧重。综观当前不同学科的新课程标准，以《语文课程标准（2011年版）》与《数学课程标准（2011年版）》为例，二者的总目标与分目标均从上述三个维度进行设计，并且强调三者的有机联系。但从目标的排序来看，二者最先强调的是知识与技能维度。而从《品德与生活课程标准（2011年版）》和《品德与社会课程标准（2011年版）》来看，由于品德课程自身的特殊性，其最先阐述的是情感态度与价值观目标，这也反映出课程标准对思想品德课的定位。这里需要说明的是，新课程强调三维目标的有机结合，这是促进学生综合素质发展的集中体现，缺乏任一维度目标都可能导致教学缺损。但是，三维目标并没有固定顺序，其分配也并非等值的。我们在拟订课程目标时，应该依据不同学科、不同学段、不同群体，动态地把握三维目标。并且，财经素养是社会主义核心价值体系的重要内容，对学生世界观、人生观、价值观的形成具有重要意义。从第一章学生财经素养调查发现，学生的理财意识、观念和价值的形成尤为重要。也就是说，理财校本课程的目的应偏向意识、观念等精神层面。

在上述研究基础上，笔者按照"先总后分"的原则，第一步，确立理财课程总目标，即：通过理财校本课程的开发，我们希望帮助学生解决哪些问题？学生身心发展的哪些方面应该得到提升？并联系学生的态度、能力、知识和技能，结合相关理论与实践研究的结果，为理财校本课程进行任务选择，以此确定为实现理财校本课程总目标必须完成的学习内容。第二步，划分学段。需要说明的是，理财校本课程开发具体涉及哪个学段还得依据不同学校的实际情况灵活处理，包括考虑不同年段的教学安排情况、教师方面的人员安排、学生的认知发展和需要等，不同年段的教学内容差异性体现在不同年段的课程目标上。

学校理财教育以培养学生的财经素养为核心，以促进学生个性发展与健康成长为目标，应立足于培养学生的理财知识和技能、个人消费计划与管理能力、正确的金钱价值观等财经素养，帮助学生形成更强的生存本领及更好的生活技能，促进学生身心的全面发展。通过对学生财经素养维度的探讨，本课程目标体系包括三个模块，即个人与理财，以课堂上学生掌握基本的理财知识与技能为主；生活与理财，基于理财知识与技能的学习，在生活中丰富理财情感体验，形成良好的理财行为与习惯；社会与理财，在个人与理财、生活与理财的基础上，深入社会活动，从更广阔的层面帮助学生树立金钱价值观。

五、身体的保护和护理

自卫能力，就是自我防卫自身不受暴力侵害的能力，在遇到暴力犯罪，如抢劫、强奸等情况时可以进行自我防卫。根据《中华人民共和国刑法》第20条的规定，正当防卫，是为了保护国家、公共利益，本人或者他人的人身、财产和其他合法权利免受正在进行的不法侵害，采取对不法侵害人造成损害的方法，制止不法侵害的行为。正当防卫行为不负刑事责任。中小学生由于其自身的特点，在力量和身体素质上稍差于成年人，是最容易受到不法侵害的群体。我们避免使用暴力，但要在危机的关键时刻有"一招防身"的本领，制止不法侵害的发生，或给自己赢得逃跑时间。在新课程中要对学生进行自卫、防卫能力的训练。由于学生身体素质各有差异，不能像武术家那样运用各种技巧把罪犯制服，但是，要教会学生"一拳能力"，是指在犯罪人员的要害部位给予一拳，为中小学生赢得逃脱时间。首先，学生要知道人体的要害和薄弱部位。其次，在了解人体容易受到伤害的部位后，训练学生的"一拳能力"，不要和敌人纠缠，一招伤敌后立马逃脱。同时，还要训练和培养学生冷静处事的能力，做到"遇敌有主，临危不惧"。救护能力是在他人遇难受伤时能够给予救助，挽救他人生命的能力。救护能力包括心肺复苏、人工呼吸、伤口包扎和搬运伤者等。遇到他人出现心脏骤停等情况时，能够使用心肺复苏和人工呼吸则可以最大限度地挽救受害者生命，为专业的救援争取时间，形成救援现场的生命链。在遇到他人出血、骨折时能为其止血并进行简单的包扎，对于伤员的生命救助具有重要的意义。

因此，在新课程设置的内容中，要安排训练学生的救护能力。还要邀请专业的医护人员对心肺复苏和人工呼吸进行教学，让学生借助人体模型进行训练；教会学生止血和骨折包扎的方法，让学生学会判断受伤或出血部位，针对各个部位进行不同的止血和包扎训练。

第五章
少先队生命自护课程的理念

第一节 少先队生命自护课程的性质

一、少先队的性质

中国少年先锋队是中国少年儿童的群团组织,是少年儿童学习中国特色社会主义和共产主义的学校,是建设社会主义和共产主义的预备队。少先队以马克思列宁主义、毛泽东思想、邓小平理论、"三个代表"重要思想、科学发展观、习近平新时代中国特色社会主义思想为根本遵循。团结和教育少年儿童,听党的话、跟党走,爱祖国、爱人民、爱劳动、爱科学、爱社会主义,学习和实践社会主义核心价值观,树立远大理想,培养优良品德,勤奋学习知识,锻炼强健体魄,培养劳动精神,从小学先锋、长大做先锋,立志为建设中国特色社会主义现代化强国贡献力量,努力成长为社会主义现代化建设需要的合格人才,成长为能够担当民族复兴大任的时代新人,做共产主义事业的接班人。

二、生命自护课程的性质

生命教育理念下的自护自救课程逐渐得到教育界的重视。2004年辽宁教育系统在全省启动中小学生命教育工程;同年,上海市出台《上海市中小学生生命教育指导纲要》,这说明我们这一代教育者们开始重视对少年儿童的自我保护,开始重视少年儿童生命存在的意义。

在学校开展的教育教学活动本身就是一种生命自护教育。生命自护则是校园内学生活动与行为的基本需要。设置生命自护主题的少先队活动课程，可以帮助少年儿童认识生命，同时给予学生认知发展同等地位的关注。《中小学幼儿园安全管理办法》第五章对安全管理专门做出了详尽规定，要求"学校应当按照国家课程标准和地方设置要求，将安全教育纳入教学内容"；同时，对各有关方面和环节的安全教育工作做出有针对性的规定。少先队生命自护活动课程，对一个人一生的发展都产生着深远的影响。现今，又在新型冠状病毒肺炎疫情的防控防疫阻击战中，我们对生命自护又有了更新的认识，也重新了解了生命的意义。我们可以清楚地认识到，生命自护活动课程的构建，对少年儿童的成长意义重大。当我们遇到突发事件，当我们开始全民抗"疫"时，我们对生命产生了更崇高的敬畏，也开始思考如何对学生进行生命自护活动课程的构建。

（一）生命自护的概念

人的生命由三个因素构成，即生理（自然属性）、心理（社会属性）和灵性（精神属性）。美国学者杰·唐纳·华特士早在1968年便提出生命教育的概念，倡导必须关注人的生长发育与生命健康的教育真谛。各国各地的学术团队围绕生命教育理念进行研究。生命教育即直面生命和人的生死问题的教育，其目标在于使人们学会尊重生命、理解生命的意义以及生命与天人物我之间的关系，学会积极地生存、健康地生活与独立地发展，并通过彼此间对生命的呵护、记录、感恩与分享，获得身心和谐，事业成功，生活幸福，从而实现自我生命的最大价值。[①] 生命自护教育不仅是为了告诉青少年要尊重自身生命，更着力于帮助青少年掌握如何在生活中保护自身生命的技能、技巧；不仅是为了帮助青少年感受生活中的成功与失败，更注重帮助青少年正确面对顺境与逆境，学会管理情绪，建立健康的自我认知和自我修护能力；不仅是为了引导青少年积极创造生命的价值，更侧重于让青少年学会与其他生命物种和谐共处，关心今日生命的享用，也关怀明日生命的发展，从而树立高尚的信仰。简言之，生命自护课程指

[①] 人力资源和社会保障部中国就业培训技术指导中心于2012年5月推出职业培训课程"生命教育导师"。

第五章
少先队生命自护课程的理念

在生命成长历程中，对生理、心理和信仰的自我保护和自我修护能力的培养教育。少先队生命自护就依托少先队组织对少先队员开展学科融合的生命自护课程的教育教学活动，包括对身体和生命的认识与尊重，对心理和行为的保护与修护，对信念的启蒙与塑造。课程包含以下三个方面：

1. 身体的保护和护理

生命的自然属性即自然生命，决定着人的生命长度，即寿命的长短，是建立在人的血缘关系基础之上的生理范畴，主要涉及人伦和人生（生命长度）有关的性问题、健康问题、安全问题和伦理问题等。生命从何而来，一直都是人类千百年来不断追求与之探索的谜题。20 世纪末，我国台湾教育界将生死教育引入教材，整合为生命教育。一般而言，生命历程被定义为在社会、文化和历史情景里，一个生命从出生到死亡的过程中所发生的事件和经历。生命的可贵及生命应有的尊重，对于少年儿童来说是一种对生命的教育，尊重与关爱生命的前提就是培养少年儿童的生命自护意识。在建立此意识的过程中，让少年儿童在一生中随着时间的变化，懂得敬畏生命，养成对生命历程的关注。在少先队生命自护课程中，通过少先队活动和道德与法治、生命生活安全、语文、科学、体育与健康、艺术等学科的整合，让队员们在对自我身体、情感和正确的行为等方面的认知能力获得提升。例如：低段一、二年级的中队主题活动设计中以少先队员身体的保护和养护为主，制定学期主题。生命历程主题，先从认识身体结构入手，通过"我是从哪里来"和"身体里的小乐队"活动，结合科学课相关资料收集、小组讨论、讲座和小报、小品、儿歌等艺术表达的方式交流分享学习收获，让低年龄段少先队员们认识身体结构，了解人体重要的三大循环系统是怎样维系人体机能运行的科学知识和道理。接着，开展认识众生课程学习，将前期"认识身体"课程中所学知识迁移至其他生命物种的认识与理解的过程中，在"多彩的生命"活动中通过电影、艺术作品欣赏、科学报道等途径认识与人类共生在同一片蓝天下的各类生物，了解生物体间微妙而神秘的联系，正因为这些联系而共生共建出美丽的地球家园。通过"珍爱生命"活动的探索，引领少先队员们讨论和思考，每个生命种类的盛衰对地球家园生态平衡的影响，从而树立珍爱生命的思想意识，并能用自己的表达方式将所学所想传递给周围的人。自护习惯主题是延续生命历程主题开展的,从个体的生活习惯和卫生常识的科普入手,根据低段少先队员的身体发展规律拟定"我爱我眼,我爱我牙"知识讲座、生活反思及好习惯早养成的实施计划。通过道德与法治的课程内容的宣讲、情景剧表演的体验、新闻纪实视频的讨论,让队员树立自我保护的观念,对周围环境有合理的危机意识,从而掌握符合低段儿童身心发展的生命自护相关知识技能。突发事件应急处理主题中,从认识各类自然灾害到地震中自护小妙招学习,从认识校园环境到科学合理作息的重要性,运用观察事物、分析事件、总结教训、内化习惯的学习方法,丰富队员生活中各类突发情况的科学认识,培养其冷静机敏的应对能力。

2. 心理的保护和护理

生命不仅仅是生物的躯体,躯体只是生命存在的前提和物质载体,真正让人和动物区别开的是人类有丰富的精神生活。随着社会的发展,少年儿童身心健康教育引起不少关注。一个健康的人,既要有健康的身体,又要有健康的心理,二者缺一不可。著名心理学家弗洛伊德在儿童精神发展理论中提到童年是成人顺序模式发展与定性的阶段。健康的身心发展可以帮助少年儿童在社会生活环境中有较强的适应能力,同时建立如遇突发事件时的冷静分析和思考能力。为了更好地规范学生生命自护的行动力和突发事件的处理能力,通过课程研究,找到真正有效地实施少先队生命自护活动课程的构建方法与有效的实施策略,以生命为原点,尊重生命的特性,促进少年儿童生命的成长。少先队生命自护活动课程的实施,还将国际文化与中国传统节日相契合,开展丰富多彩的主题活动,以传统文化的精髓浸润孩子的生命成长,让孩子们懂得感恩生命,珍爱生命,学会自护,欣赏成长!

因此,生命自护课程内涵的研究就要从多个层次入手,不仅要教育队员珍爱生命,还要帮助他们认识生命的本质、理解生命的意义、创造生命的价值,这是人的生命形态和特征的本质要求。生命自护课程力求从心理的保护和护理等方面对少先队员进行全面、系统、科学的生命教育,引导队员善待生命、完善人格、健康成长。例如,三、四年级中队主题活动设计中提出以少先队员积极心理培养为主,强化身体的健康意识的阶段目标。队员可以通过写作、绘画、诗歌朗诵、艺术展示等方式,在集体中健康地自我定位，肯定自己的能力，发现自己的不足，从而拥有同理心，在与同伴发生冲突时学会换位思考，面对挫折时积极寻求有效解决方法，在讲座、游戏、比赛活动中学习方法，在实践中总结经验、磨炼意志，并结合语文写作、演讲、写信等方式表达自己乐观的生活态度。

3. 信念的初步形成

信念近义于观念，是对事物的判断、观点或看法。核心信念与丛生信念组成了人的信念系统。核心信念充当主要枝干，丛生信念就是枝叶。当人有一个核心信念时，从核心信念中会诞生出很多丛生的信念。并且，人会自动地把相似的信念收为己用，而把冲突的信念自动过滤。现实中，信念左右着人们思维活动的范围，并以某种模式规范着人们的思考方式。人们的情感总是被框在这个模式里运行，而信念建立在是非分明的理念基础上，对就是对，错就是错，不会轻易被周围环境所左右。由此可见，青少年处于人生观、社会观、价值观养成的关键期，树立正确的信念就是建立健康的生命模式，对整个生命有至关重要的影响。少先队生命自护课程研究中，五、六年级以少先队员理想信念树立为主要目标，通过阅读、写作、电影赏析、讲座学习和演讲比赛等方式，建立爱祖国、敬英雄、有集体荣誉感、会管理情绪、欣赏他人等思维模式，在青春期拥有健康的人生态度和交往能力。

（二）生命自护课程特点

少先队生命自护活动课程是打破学科逻辑组织的界限，以队员的发展需要和能力为基础，以队员的经验为中心组织实施的课程。生命自护活动课程的主导价值在于使少先队员通过主题活动获得关于现实世界的直接经验和真切体验，从而达到课程的各层次目标。秉承让队员终身受益的理念，少先队生命自护课程具有生活性、综合性、体验性、实践性等特点。

1. 生活性

本课程以学生生活为主线，立足于学生生命成长的需要，帮助学生学习预防和应对安全事故最基本、最有效的知识和方法，培养学生的安全防范和避险技能，让学生学会科学、及时、有效地解决在实际生活中遇到的各类生命自护问题。在一、二年级环境自护方面就明确体现了来源于生活、用之于生活的特点。前置课程中先让队员通过采访、新闻、影视等形式进行生活中交通行为调查记录，再以小组形式讨论分析事件、总结梳理交通安全经验，在建立交通安全规则意识后将其运用到生活中去，除了管理约束自己的交通行为外，也要监督提醒周围人的交通行为，以星火之光点亮世界，让安全你我他行动有效实施。

2. 综合性

学科内容融合的综合性。课程包括生命自护的常识和经验、生命安全的行为方式和技能、生命安全的法律规范、道德与法治、体育与健康、心理学、科学知识、艺术等多领域学科内容的有机整合。在"认识自身"活动中，结合科学课"我从哪里来"的学习，认识身体的起源、身体的构造等科普知识，结合美术绘画进一步加深对身体结构的认识；联系音乐课"身体小乐队"中的歌曲学唱和二度创作，熟悉身体，尊重身体，爱护身体，以达到珍爱生命、理解生命意义的后续更高级的课程目标。

教育教学方式的综合性。课程活动设计的教育教学方式灵活多样，讲解、讨论、写作、艺术创作、演讲、情景剧等教育方法。活动设计根据主题目标和内容的需要寻求最佳的教学方法呈现，实现一课多样、一法多变的课程特色。涉及科学知识理论认识的课程适合选用讲解演示的学习方法，结合具体直观的图片、视频和现场演示的教学方法，帮助队员认识理解和记忆相关科学知识。涉及技能掌握的课程适合操作实践、探索尝试、小组合作等动手感受的教学方法，让队员在实践中摸索、在失败中反思、在练习中巩固。涉及心理表现和信念建立的课程用写作、演讲、情景剧创编等思考与启发性强的学习方式更有利于队员多角度分析问题，发散思维，碰撞灵感，也更有利于队员在活动中自我意识的健康成长。

教育空间格局的综合性，以少先队为依托的生命自护课程扩展了教学场所，打破了教室格局，充分运用家庭、学校、社区可支撑课程开展的优质资源，让队员走出去体验学习，将专业人员请进来讲解演示，实现资源互补、专业引领"三位合一"的综合性教学特色。

3. 体验性

本课程的学习不是简单地向学生讲述道理、灌输要求，而是引导学生通过具体的生活场景、生活现象以及典型案例，身临其境的体验，并结合生活实践进行积极地反思和探究，获得真实的感受和经验，从心灵深处认识生命的可贵、安全的重要，从而确立"生命至上"的理念。

4. 实践性

生命自护本课程改变以往生命自护教育重知识传授、轻活动实践的状况，注重把安全知识转化为安全技能；善于通过活动演练等方式，在日常训练中使学生逐步提高自护自救能力，逐渐养成平安、健康成长的自觉行为。

第二节 少先队生命自护课程的时空

一、面向对象

在学校产生的教育教学活动本身就是一种生命教育，而生命自护则是校园内学生活动与行为的基本需要。分析小学阶段儿童身心发展特点发现，儿童的思维方式从具体形象向抽象思维发展。每一阶段都是前一阶段发展的延续，同时又是下一阶段发展的开始；前一阶段中总含有后一阶段的某些特征的萌芽，而后一阶段又总带有前一阶段某些特征的痕迹。个体各方面的发展也存在不均衡性和可变性，且每个孩子都是独特的。小学阶段的学生大多都是少先队队员，此次研究遵循学龄期儿童身心发展的特点，依托少先队组织大队、中队和小队主题活动进行教育引导，更有利于活动课程学科的融合和资源的整合，更能有效地帮助少年儿童认识生命，同时给予学生认知发展同等地位的关注。开展一至六年级少先队生命自护课程，是符合6～12岁儿童心理发展规律的。

（一）一、二年级学生发展分析

一年级儿童的认识过程与学前儿童还有许多相似之处，无意性和具体形象性仍在其中占很重要的地位。但是，在学校生活和教育的条件下，有意性和抽象概括性正在迅速发展。一年级儿童虽然能够有目的地感知或观

察，但他们的知觉还有一定程度的混淆性、笼统性和无意性；记忆范围虽然不断扩大，但由于缺乏生活经验以及抽象逻辑思维发展不足，一次不易记住很多东西；有意识记忆的能力正在发展，但往往还不能很好地组织自己的记忆活动，也不能适当地运用识记的方法；意义识记的能力也正在发展，对于已经理解的教材，能够通过逻辑加工来进行识记；形象记忆在一年级儿童记忆中占据重要地位。因此，课程活动中仍然要多运用直观方法来帮助学生巩固所学的知识。一年级儿童虽然已经具有一定的抽象概括能力，并且掌握了一些概念，能够初步进行判断和推理，但思维水平总的来说仍是非常低的，仍有很大的具体形象性，思维过程往往依靠具体的表象，不易理解较抽象的经验，思维还带有很大的依赖性和模仿性，独立而灵活地思考问题的能力很差。在活动中要善于观察孩子，既要关注孩子现在的发展，又要为孩子下一步的发展创造条件。二年级学生个人能力提高，思维方式也发生了变化，心理趋向稳定，显示出一定的个性特征，个人能处理的问题越来越多，自信心不断增强，渐渐产生集体荣誉感。例如：活动比赛时，一年级孩子对自己中队的胜负并不太关心。参加比赛的孩子也不知道自己的胜负对集体会有什么影响。但是，二年级孩子就不同了，他们很清楚其中的关系，表现出来的行为很明显。从心理发育看，这个阶段的孩子虽然有一定的自主能力，但自觉学习的主动性以及分析问题时注意力的稳定性还是远远不够。

（二）三、四年级学生发展分析

三年级学生愿意主动参加集体活动，开朗活泼。与二年级孩子明显不同的是，三年级学生的朋友"突然"多了起来，互相联系，成群结队地玩耍。由于行为多变好动，他们对什么都想看个究竟，常常因毛手毛脚而受到指责和批评。但是，在大多数情况下，这种指责只起短时间作用，孩子不生气，过一会儿就故态复萌。这个年龄的学生表现出趋利避害的心理特点，对自己有利的事就做，有利的话就说，不利的事就躲避。这是道德观念形成过程中的一个重要时期。与同学吵架后，当辅导员询问吵架理由时，双方只拣对自己有利的说，不利的话则不说。在这个阶段，学生还不懂得如何合理反驳。这个特点比二年级时故意说没有作业，想出去玩的表现还要不好,因为二年级时的动机很简单,而且不是有准备的、恶意的,是单一的眼前动机造成了说假话的行为。三年级学生是有意识地回避对自己不利的一面。所以,当这个阶段的孩子与人发生争执时,辅导员一定要听争执双方的意见,做出自己的判断,并告诉孩子:不敢承认自己的错误是世界上最不勇敢的人。三年级学生开始推崇有力量的英雄人物,除了动画片中的英雄之外,电影、电视剧中的主人公以及影视明星、体育明星、歌星舞星,都会成为他们的偶像。这个阶段推崇学者、科学家的孩子很少,对优秀的同样也并不崇拜。对崇拜的人物,他们有时会达到入迷的程度。

四年级学生正处于向青少年过渡的儿童期的后期阶段,大脑发育正好处在内部结构和功能迅速发展和完善的关键期,学习能力和情感能力快速发展。这是培养学习能力和情感能力的重要时期。四年级还是养成良好的学习习惯和改变不良习惯的最后关键时机。在四年级以后,除非进行特殊的训练,否则孩子的学习习惯将很难改变。四年级孩子的意志发展开始从他律向自律过渡,开始具有自觉克服困难的意志。所以,四年级是培养孩子学习恒心的关键期。随着交往范围的扩展和认识能力的发展,四年级的孩子开始对很多事情形成自己的想法,但是他们辨别是非的能力还极其有限,社会交往缺乏经验,经常会遇到许多自己难以解决的问题,开始产生很多不安和忧虑,需要家长和教师正确引导。四年级是小学低年级向高年级的过渡期,孩子开始从被动的学习主体向主动的学习主体转变,自身心理和能力的发展都会表现出比较明显的学习分化现象,随着经验和知识的积累不断增加,注意力、记忆力、理解能力、思维能力和表达能力等学习能力不断增强,大脑发育的成熟,思维发展水平由具体形象思维向抽象逻辑思维过渡,抽象思维逐渐成为一种重要的思维形式,这是一个由量变到质变的飞越过程,是培养学习能力的关键期。四年级孩子注意力的目的性增强,注意力保持的时间更持久,稳定性由15~20分钟提高到20~30分钟,可以胜任更复杂的学习任务。这一时期孩子的记忆力、理解能力、思维能力和表达能力快速发展,是培养孩子写作和阅读能力的关键时期。四年级孩子的学习动机开始从直接动机向间接动机转化,即使没有直接的奖励,为了得到教师、同学、家长和其他人的肯定性评价,他们也会努力达

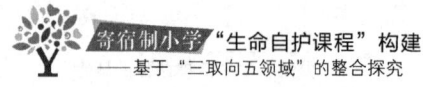

到较好的学习效果。

(三) 五、六年级学生发展分析

在注意力方面,五年级学生的有意注意逐步发展并占主导地位,注意的集中性、稳定性、广度、分配、转移等方面都较低年级学生有不同程度的发展。在记忆方面,学生的有意记忆逐步发展并占主导地位,抽象记忆有所发展,但具体形象记忆的作用仍非常明显。在思维方面,学生逐步学会分出概念中本质与非本质、主要与次要的内容,学会掌握初步的科学定义,学会独立进行逻辑论证,但他们的思维活动仍然具有很大成分的具体形象色彩。在想象方面,学生想象的有意性迅速增长并逐渐符合客观现实,创造性成分也日益增多。在情感的发展方面,学生情感的内容进一步扩大、丰富,他们能逐渐意识到自己的情感表现及随之可能产生的后果,并且控制和调节自己情感的能力也逐步加强。在道德情感方面,学生主要以具体的社会道德行为规范为依据,同时也开始出现内化的抽象道德观念作为依据的道德判断。在意志方面,自觉性、果断性、自制性、坚持性有一定发展,但不显著。他们的独立能力增强。比如,放学以后,几个同学会自发组织团体活动,并且具有明确的目的和行动方法,带有一些普通社会团体活动特点。而且,这些小团伙还不会轻易解散。在自我意识方面,幼儿期儿童的心理活动和行为更多地受情境因素的支配,变化较大,还不能形成真正稳定的个性;但进入小学后,特别是通过低年级阶段的学习适应性锻炼,他们逐步把握了个人与他人的关系,形成集体意识,自我意识、道德观念和道德行为在这过程中逐渐发展起来;小学高年级学生的自我意识逐步深刻,渐渐摆脱对外部控制的依赖,逐渐形成了内化的行为准则作为监督、调节、控制自己行为的依据,而且开始从对自己表面行为的认识、评价转向对自己内部品质的更深入的评价。孩子对许多事情有自己的打算和想法,学会了自己安排时间和活动。

六年级学生的独立意识和成人感增强,他们不希望教师、家长把他们当小孩对待,但他们在独立处理人际关系和其他实际问题上仍不成熟,需要成人的指导和帮助。六年级学生接触社会的面比以前广,吸取的信息也更多,对社会现象和国内外新闻比较关心,但选择和处理信息的能力还不强,还不善于正确地进行判断与辨析。在日常生活中缺少克服困难的意志和毅力;他们对小学生的日常行为要求比较熟练,但又会觉得不屑做或不能坚持做;学生之间在学习上的差距已较明显,部分学生有厌学情绪。在情感发展方面,他们的情感日益丰富,社会性道德感有很大发展,情感的稳定性和控制能力有所增强,行动的冲动性和受暗示性大为减少,行为的自我调节能力有了明显的进步。但是,他们的果断性和坚持性仍比较差,还依赖于父母或教师的监督。在个性发展方面,在正规的学校教育和环境的影响下,学生的自我意识,在独立性、批判性以及自我评价的内容和水平方面,都有一定的进步;组织性、纪律性、勤奋、坚毅等优良性格特征,逐渐获得健康发展。主要表现为:发现和探索新自我,思维的独立性和批判性增强,开始意识到自己的性别角色。因此,五、六年级是关注孩子发展的关键期,女孩10岁左右进入青春期,男孩12岁左右进入青春期。

二、开设时间

间周一次中队课程,低中高段各 32 次,共计 96 节次。每月一次大队课程,共计 48 节次。

三、开设地点

中队活动:以班级教室为主,可以延伸到校园内任何空间。

大队活动:以校内为主,可以延伸到校外(社区、街道、家庭、景区及特殊场所,如消防大队、博物馆等)。

第三节　少先队生命自护课程的理论基础

一、泰勒课程编制理论

泰勒，美国著名的教育学家、课程理论家，被称为"课程评价之父"，1949年出版《课程与教学的基本原理》，提出了关于课程编制的四个问题，即"泰勒原理"，概括为：目标、内容、方法、评价。少先队生命自护课程根据国家教育指导方针和学校教学发展规划，理论联系实际，运用了泰勒原理进行课程构建。

（一）要素线索

泰勒原理提及："在为一门课程制定组织方案时，有必要确定给课程中作为组织线索的要素。"因此，在编制课程时，必须确定哪些类型的要素作为课程组织中的线索最有效。在少先队生命自护课程研究中的要素是指提升队员身体和心理的保护和护理能力，初步树立健康的信念。例如，在高段的中队活动课程中，组织要素就是初步树立信念和强健体魄。首先，应该确定高段少先队员应树立怎样的信念，结合国家体质健康要求须达到的身体素质的各项指标。在前期大量的调查数据分析中确定课程目标：通过综合实践活动对少先队员进行认知、生存能力、自组织、仪式感和政治素养五个领域的培养与树立，从而达到身体、心理和信念这三个取向的自我保护与护理能力的提升。

然后，根据目标选择生命历程、自护习惯、突发事件、认可集体、心理发展、健康生活、积极心态、公民意识、身份认同、青春萌芽、学会生存、危机应对以及光荣与使命、责任与担当、劳动与成长、安全与健康、坚持与拓展、经典与传承等相应内容并在课程组织上进行实际运用。当确定好教学目标和学习经验之后，再构建播种与希望、自信与分享、安全与健康等课程内容。

（二）有效组织

泰勒指出，为了使教育经验产生累积效应，必须对教育经验进行有效组织，以使之相互强化。对学习经验的选择及组织，通俗地讲，就是如何选择课堂教学内容和怎样开展课堂教学活动。根据此原理，应该将学生放在中心位置，关注学生的心理特征和需求，创造轻松的课堂氛围，充分调动学生学习的主观能动性，使他们能够积极主动地参与活动，使其主动获取消化知识。生命自护课程依托少先队自组织活动，少先队员自主参与组织活动课程，而教师（辅导员）在前置课程中引导学生拓展相关认知，在主题活动课中只作为观察者参与活动，并在活动结束时点评和提升课程高度。泰勒原理提出：要组织一组有效的学习经验，必须符合以下三个标准。

1. 连续性

指课程的各类要素进行直线性重复。比如：身体自理自护技能领域中，在低中高段活动设计中螺旋式地设置了认识身体、身体自护、健康习惯、智慧生活、青春萌芽、学会生存等内容，以确保学生能在一定时间内、不断地训练巩固自护技能和强化自护意识。

2. 顺序性

顺序性作为一项标准，牵涉到连续性，但又超越了连续性。顺序性的重点是要将后续经验累积在前段经验的基础上，且更广、更深地探究所针对的经验。此时两者均为纵向关系。例如，在活动课程中，心理保护和护理内容从低段的认识自身、悦纳自己、关心他人，延续到中段的自我意识、社会交往、快乐学习和乐观生活，再延续到高段的青春期心理健康，呈现出环环相扣的内容联系，从认识到接纳，从自身到群体，每个内容顺序是不能调换、层层递进的。

3. 整合性

指学习经验的相互联系。即把所获得的知识经验综合起来，并在学习过程中将自身已获得的经验与新获得的相关要素相互关联。例如，在二年级中队活动课"交通安全记心间"中结合了日常生活里对交通标志和规则的认知经验，运用小组美术小报展示的方式总结呈现自己的认知，通过朗

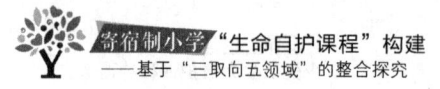

朗上口的音乐儿歌《安全歌》的演唱和律动巩固加深遵守交通安全的意识，实现围绕一个主题由多学科整合教学的模式。

二、少先队核心素养

（一）信念

生命是神奇的，让生命飞扬，充分发挥蕴藏在生命中的潜能，实现生命价值，培养学生的健康人格和生命情怀，其中借助的便是生命教育。生命教育也是我们构建精神生命的基础教育形式之一。培养学生用感恩的心去面对人生，面对生活中的人和事，用信念关注人为什么活着的问题，可以帮助青少年学生寻找人生的价值和意义，让学生在坚定的信念下跟随社会的发展脚步，不断地提高自我，更加积极地进行社会参与，投身于国家的现代化建设中。

（二）政治素养

正确思维是指少先队员要采取正确、合理的思维方式对待事物，如理论思维方式和科学思维方式。理论思维是人们在认识与行为的过程中，借助判断、推理等思维形式，运用比较、分析、综合、抽象、概括的思维方法，能动地反映客观现实的理性认识过程。

（三）仪式感

仪式感是进行身份认同教育的途径之一。研究表明，无论从行为情感还是精神层面来看，教育都可以借助仪式来实现。仪式感包括体验感和参与感两部分。体验感是指少先队员在仪式中独有的体验。有仪式感的仪式，不仅能给人表达情绪的机会，更重要的是还能让人获得更多的情绪体验，且容易被人们捕捉和感受，进而获得情感的升华。参与感则体现为，少先队员具有培养自身参与管理各项事务的能力的意识，认识到自己对家庭、学校和社会生活拥有表达意见、建议的能力和权利，通过多种途径使自己的合理诉求得到家长、教师、学校的关注尊重和满足，并最终改善周边的学习环境和社会环境。

(四) 自组织

自组织表现为：学生不需要外力推动，便能自觉、自动、自发地进行活动；自主知识无须外界指令，可以自行组织、自行创生，并自行演化技能，自主地从无序走向有序。而他组织就是不能自行组织、自行创生、自行演化，不能自主地从无序走向有序，只能在外界指令下组织和演化，从而被动地从无序走向有序。

(五) 生存能力

生存能力是指学生在自然环境和社会环境下，具备保全自己、谋求生存的能力，具体包括自我保护、独立与共生等要点。自我保护主要是指少先队员对自身身心健康的保护能力。谋生能力指向在社会中用劳动创造财富的精神和维持生计的才能、技能，具体包括劳动意识和技术运用等要点。

第四节 显性与隐性：少先队生命自护课程的构想

一、少先队生命自护的显性课程

(一) 少先队生命自护课程显性课程的含义

生命自护课程将生命教育、安全教育和生存教育的核心理论与技能要素兼容并蓄，形成具有人文精神和生命价值的课程体系，同时又有自己独立的研究视角，以及作为课程理论涉猎的心理学、社会学和哲学理论范畴。因此，生命自护课程本质上超越了生命教育课程和生存教育课程的内容局限，在教育性和实用性方面拥有了新的姿态和面貌，形成一种有别于生命教育和生存教育的安全知识和技能的课程体系。生命自护课程在学校

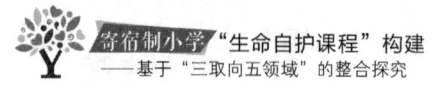

教育中起着十分重要的作用,是课程结构的重要组成部分,是学校育人的主要依据。在应试教育的影响之下,教师在课堂上教书本,人们对课程的理解更多的是教学计划或教学大纲里明确规定的东西。我们为应付考试而过分地强调学科教学和课堂教学,而忽视了生命的教育、安全的教育、身心健康的教育。从学校教育领域出发,根据青少年学生的身心发展规律,按照课程理论,参照小学的低段、中段、高段的纵向结构,结合少先队的核心素养,以身体认知和技能教学的特点来构建课程体系,基于这种观点,本研究将生命自护课程定位在促进学生身心发展、安全成长的学校教育平台中,与其他学科价值与功能相融合,呈现其生命内涵拓展的愿景,满足社会发展和学生成长的综合需求。

(二)少先队生命自护课程显性课程的实施与路径

1. 大队活动

少先队生命自护课程的实施关键是课程内容的传授是否能让学生完全接受,也就是教学环节方面的问题。生命自护课程,既有单纯安全知识理论的课堂教学,也有大量技能活动的教学内容。学生对理论课中的知识进行理解消化,需要结合技能教学活动的体验过程,这样才能产生良好的效果。因此,对生命自护课程的实施途径的选择自然是课程实施的重要前提。生命自护课程的技能教学与大队活动在价值形式、要求方法上都存在着共性,两者都可以通过动态的身体动作演绎而获得生命的健康与成长,在拼搏中实现生命的价值和尊严。从目标上讲,大队活动的部分内容标准与生命自护课程内容的要求是相似的,大队活动的特征决定了少先队大队活动能较好地实现生命安全教育课程技能教学。生命自护技能在大队活动中的应用对少先队员健康体魄的形成、大脑神经系统的改善以及灵活性、反应能力均具有积极的促进作用,能够全面发展学生的身体素质和机能。

2. 中队活动

中队活动可以由学校班级为单位组织安排学生走出校门参加活动,包括在寒暑假前后或节假日组织学生到博物馆、展览馆、灾难预防中心、消防训练中心、防止犯罪中心、医院急救中心等实地参观,了解各种自然灾害、意外事故、暴力伤害、伤病急救等涉及人身安危的安全知识,安排学生参与安全前提下的多种类型的冒险课程，体验户外求生课程以及不同类型的灾难事故演练，既注重学生安全意识的养成，强调学生对自我保护技能的掌握，也重视学生对各种风险应对的体验和感受。通过中队活动的校外教育活动和训练，为学生掌握保护自身的安全技能打下良好的基础。简而言之，中队活动的开展是实现生命安全教育课程目标的重要途径之一。

二、少先队生命自护的隐性课程

（一）少先队生命自护课程隐形课程的必然性

构建生命自护课程隐性课程是为了发挥学校课程体系的最大教育效果。隐性课程和显性课程一样，都是课程的重要组成部分。隐性课程尽管有着特殊的存在形式，但理应和显性课程一样，具有教育效果。而隐性课程构建无疑在生命自护课程教育少先队队员方面发挥了一定的积极作用。

1. 显性课程不同于隐性课程，在构建时，在各个方面都会受到一定的限制。隐性课程建设是基于一定的目标的，即隐性课程需要实现其对少先队员的育人功能。因此，构建生命自护课程隐性课程，也是完善学校生命自护课程建设的需要。

2. 生命自护课程隐性课程是深化课程改革的一种需要。为课程更好地发挥其应有的功能和作用，近几十年来，课程改革成为教育界的热门话题，课程改革的目标就是一切为了学生的发展，而以往的课程，无论是从课程结构还是从课程功能上，都更多地关注显性课程，虽对隐性课程有所提及，却未做到深入。

（二）少先队生命自护课程隐性课程的含义和特点

一般说来，少先队生命自护课程隐性课程具有以下几个主要特征。

1. 隐蔽性。少先队生命自护隐性课程不像显性课程那样通过正式的教学来进行，而是潜伏在显性课程之后，以潜移默化的形式把有关少先队生命自护的概念渗透到队员心灵、文化风气中，以暗示的形式影响传导，而不是公开地向学生施教，用隐藏的方法，把有关生命价值与安全的知识经验渗透到具体的人物以及活动过程中。例如，注重校园安全环境的建设，向学生征集校园生命安全标语，然后将经过评审的标语书写张贴在校园周围，学生看到自己的生命安全标语出现在校园中时，一种成就感油然而生，其他学生也能得到熏陶和感染。

2. 多样性。生命智慧课程在实施过程中，除了显性的影响外，还会潜在影响学生的安全观念行为和意识。学生从事不同的安全教育学习活动所受到的潜在影响也是多方面的。例如，学生进行火灾逃生的演练时，除了学习正确的撤离逃生步骤和方法外，还能深刻感受到火灾的恐怖，火灾产生毒烟雾的可怕，以及生命安全的重要性等。

3. 非预期性。隐性课程不像显性课程那样，能通过学生的课堂反应而对教学全过程进行有效的控制调节，从而达到最佳的教育效果。它在教授课程前是无法评估的。

4. 自主性。生命自护隐性课程，由于是在学生无意识的情况下，通过一种潜移默化的方式传播的，因此，学生在接受这些理念时，通常会自主地将价值观的影响施加在同学身上，从而与同学形成一种相互自主的学习模式。从宏观方面来说，生命自护隐形课程存在于整个的大的学校环境之中，每时每刻，在学校的任何角落，我们都能发现和生命自护课程相关的内容。如：学校食堂里有关健康卫生的标语、每天都在进行的大课间韵律操等，处处都隐藏着学生生命自护课程的理念。从微观方面来说，课程已经存在于正常的课程计划之中。尽管各个学者对隐性课程的定义各不相同，但其中的共同之处也是十分明显的，及相对于显性课程，隐性课程更多是通过无意识的潜移默化的方式来影响学生。

5. 长期性和间接性。学生在隐性课程中通过情感融合过程学习到的知识和才能，其效果和影响有可能在学校期间就已显露出来，但有些则是在完成学业走出校门，在社会上经过磨合历练后才产生作用。这些通过情感获得的知识和才能，其影响是长期稳定的。例如，有些学生在学校教育期间，通过学习生命自护知识和技能，增强了个人的自信心和勇气，在日后的生活、工作中能够勇敢面对人生的各种挑战，克服困难，成就事业。

（三）少先队生命自护课程隐性课程的路径

1. 教学体系

少先队生命自护隐性课程是少先队员在学校及班级环境里由团体活动或社会关系获得的显性课程所未包含的认知和态度，隐性课程不通过正式的教学进行，而通过学校和班级的情景对学生的知识、情感、信念、价值观和行为等起到潜移默化的作用。这些情景包括物质情景，如学校建筑设备；文化情景，如班级文化、校园文化等；人际情景，如师生关系、同学关系等。

通过开展社会实践活动对学生进行公民教育也是学校的普遍做法。少先队生命自护课程隐性课程所含向度极为广泛，教师要兼顾选取的生命自护课程主题与学科目标内容的契合性，要考虑当今社会的需要，以及少先队员的经验与能力水平，补充原有课程的不足，修正其偏颇。教师在选定教学科目及单元时，应对教学目标和教学内容有敏锐的了解，深入分析少先队生命自护课程主题意义相关的科目或者单元，配合相关单元找到少先队生命自护的融入基点，也可以针对同一个生命自护课程主题做统整设计，有效避免教学的重复。教师要根据少先队员的身心发展需求特点及兴趣，兼顾社会时代所需，根据分析结果，结合生命教育课程目标来发展教学目标。教师在设计少先队生命自护课程内容时，要融入原有教材资料，充分挖掘与学生密切相关的生命自护课程资源，选择与少先队员经验密切相关的资源作为课程内容，发展新的教学过程，采取多元的活动方式，如角色扮演等方法来促进学生对生命自护课程的价值和意义的理解。而且，重新设计教学方案及其进程，必然要求教学评价做相应的适应性调整。

2. 课程环境

生命自护课程环境是指围绕在生命自护课程主体周围，对生命自护课程决策和课程实施具有影响力的各种因素的总和。按照其呈现形式，可分为显性环境和隐性环境。根据其性质，可分为硬环境和软环境。结合生命自护课程的开展情况，应该以生命自护课程的硬环境和软环境来确定其课程环境，具体表现为：①课程软环境包括制度环境下生命安全教育的发展规划。在社会环境中，生命安全教育课程的发展涉及人力资源环境和专业教师队伍的资源状况。②课程硬环境包括课程教学经费投入、课程教材模拟灾害、意外事故和暴力伤害情景等场地设施。

3. 教学模式

生命自护教育课程在组织构成的形态上，从课程设计的主体目标出发，根据课程实施设定的主体任务，按照不同的模块，在一定的时间和空间环境下，将不同的主题、学习过程并肩形成特有的模块结构，组成一个独立完整的主题学习单元。单元中的主题目标来自生命安全教育课程目标和课程标准，主体任务则是完成其主体目标的课程内容。

课外教育模块是实施生命自护教育课程教学的重要途径。该模块包括多种多样的课外活动形式：①课外自练。学校创设各种形态的模拟环境，设置课外安全练习的平台，让学生自主练习各项安全技能，巩固已学习和掌握的安全知识。②宣传教育。通过学校墙报学习园地网络平台等传播生命自护教育理念，宣传生命自护教育的相关知识，形成热爱生命的文化氛围。③安全讲座。学校根据主题单元的内容和教学形式，聘请安全专家或警务人员，定期到学校开展安全讲座，讲解某一风险防范的安全技能和策略。④师生交流。在课外活动的时间，教师主动与学生沟通交流，共同演绎讨论生命安全的应急避险知识和技能，解决学生的疑问和问题。

校外教育模块是指发生在学校外面的课程教学活动。该模块要求学校组织安排学生走出校门，与社会机构、社区居民进行安全活动交流，拓宽学生视野，增加学生对生命自护的直观感受，在真实环境中得到启发和锻炼。活动包括参观地震预防展览馆，在灾难预防中心实地了解灾害事故，在安全救护部门和消防部门的帮助和指导下参加应急避险消防等紧急情况演练。

4. 要素之间的关系

生命自护课程需要从不同的学科和领域挖掘资源，以学校少先队的教学平台为主要的实施途径，整合不同的学科，充分利用空间资源构筑的课程模式，有效地提高课程的实施效果。

三、少先队生命自护课程隐性课程与显性课程的关系

生命教育不是一个全新的教育主体。生命教育课程不是在现有的课程体系基础上另外架设一门全新的学科课程。生命教育课程与现行课程有着密切的联系,这主要表现在:生命教育的部分课程主题内涵早就包含在已有的相关过程之中,如生命教育和安全教育、环境教育、心理健康教育、青春期教育、思想品德教育等,都有内容交叉的部分。现行学校相关课程规划中已有生命教育的内涵,只是没有形成系统的知识体系,也没有组织成相关主题。现行教育内涵已包含了部分生命教育的内涵,但尚未能完全有效落实于学生生活实践中。这些散落在相关学科中的生命教育主题和内涵,缺少一个纵贯衔接和横向关联,以至于产生内容重叠、重复,教学资源浪费的现象。

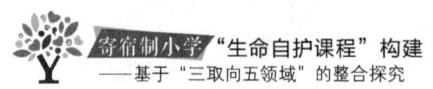

第六章
少先队生命自护课程的目标体系

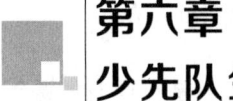

少先队生命自护课程是依托少先队组织，对少先队员开展生命自护课程的教学活动。基于研究内容的四个方面，即生命历程的研究、身心健康建设的研究、突发事件应对的研究以及自护习惯的研究，也根据少先队生命自护课程的三个取向，即身体的护理与保护，具体追求对自我身体的认知、情感和正确的行为；对心理的保护和护理，具体追求对心理的自我认知和积极情感的养成及与之对应的正确行为；信念的初步形成，具体追求对组织、人民、国家的正确认识与认同，同时也兼顾不同年段队员的身心认知规律，在各个年段的目标中都体现了对身体和生命的认识和尊重、对心理和行为的保护与修护、对信念的启蒙与创造。

低段的生命自护课程通过生命历程、自护习惯、突发事件、认可集体四个主题的学习以及相关活动的开展，以少先队员身体的保护和保养为主，认识自己的身体，懂得生命的贵重，从而珍爱生命；了解基本的爱护身体的方法，初步养成良好的自护习惯，包括应对简单的突发事件，兼顾心灵的健康和思想信念的初步启蒙。

中段的生命自护课程通过心理发展、健康生活、积极心态、公民意识四个主题的学习和相关活动的开展，认知到积极的心态能给自己和他人带来积极的影响，从而爱护自己和他人的生命，了解健康生活的方式并愿意积极健康地生活，遇到突发事件能够比较灵活地应对，初步养成良好的自护习惯，并懂得帮助他人，强化身体的健康意识，进一步树立正确的信念。

高段的生命自护课程通过身份认同、青春萌芽、学会生存、危机应对四个主题的学习以及相关活动的开展，帮助少先队员初步树立理想信念，认识自己，包括青春期的身体变化以及优缺点；明白自己所处的环境并认同周围的人，爱他人，爱祖国；养成良好的自护习惯，会应对突发事件，包括同伴交往中的危机。

第六章
少先队生命自护课程的目标体系

第一节 低段少先队生命自护课程的目标体系

一、总目标

通过对低段的少先队生命自护课程的学习,学生能获得必备的知识和技能,具体如下:

1. 获得适应社会生活和进一步发展所必需的生命自护的基础知识、基本技能、基本思想、基本经验。

2. 体会生命自护课程中知识之间、生命自护课程与其他学科之间、生命自护课程与生活之间的联系,运用生命课程中的知识进行思考,提高学生发现和提出问题的能力、分析和解决问题的能力。

3. 了解生命自护的价值,提高学习生命自护的兴趣,增强学好生命自护的信心,养成良好的学习习惯,思想信念得到初步启蒙。

生命间性是指人类具有的不仅把自己视为生态的三重生命(生物性生命—社会性生命—精神性生命),而且用生命的理念看待、对待其他生命的一种生命特性。这一内涵意味着生命间性需要对自己的生命形成"三维合一"的认识,在此基础上,还需要对其他生命做到"生命"的对待。职是之故,生命间性的前提概念依然是生命。因而,要理解生命间性,就必须对生命内涵进行考察。换言之,如果界定了什么是生命,就会在不经意间对生命间性做出可能的诠释。事实上,笔者选择的也正是这种路径。笔者的意思是,生命与生命间性在笔者选择的依赖性解释框架中会走向合流。①

关爱生命不仅指向外在的他者生命,更包含在生命之间形成的双向或者多向的生命关系之中。这种生命之间的联结尤其以情绪、情感作为机制

---

① 贾凌昌,夏绪仁. 儿童生命间性:基于依赖性解释的生命教育考察[J]. 当代教育科学,2019(11).

表现出来，既包括对自己生命的尊重和爱护，如自尊、自爱，也包括对他人生命的尊重和爱护，如同情、帮助、友爱、尊重他人；既指对自然生命的尊重和爱护，比如给生命的发展提供足够的条件，珍惜生命的来之不易，也指对社会生命、精神生命的尊重和爱护。其中，自爱与爱他是统一的，自然生命和社会生命、精神生命是一体的，它们集中体现在一个完整的生命体存在之中。学校生命教育实践就是要引导学生在对自我生命的关爱中，体悟生命的尊严、学会保护自己的生命、认识到生命的珍贵。这既是对自我生命负责，也是对与自己生命有密切联系的父母亲人负责。同时，尊重关心他人、帮助他人、为他人付出等不是与自我生命对立的，个人是在与他人建立的生命关联、友爱之中体会自我生命的价值和意义的。自己的生命质量需要在与他人的生命关联之中获得升华。处理好这些方面的辩证关系，也是生命教育的一个重要内涵和价值方向。其次，关爱生命和尊重生命互为前提，关爱包含尊重，又以对生命的尊重作为前提。关心自然生命成长中的需求、条件，也关心社会生命、精神生命的需求，即关心生命的质量。怎样才能活得有质量呢？尊重生命就是一个重要的意涵。换句话说，高质量的生命一定是自我尊重并且得到他人尊重的。尊重每个学生生命的差异、特征，根据他们的发展规律和需求进行教育，这是学校教育以人为本的体现。同样，尊重生命，按照生命的特征、需求引导生命发展，这也是关心爱护生命的应有内涵。学校生命教育实践中对生命的关心爱护不仅包括为每个学生提供统一的条件和教育环境，还包括为每个学生提供适合他们自身生命发展的独特的条件和环境，这样的条件和环境因为真正出于对每个个体生命的尊重而具有个体差异性。

  因此，学校教育实践是否能够依据生命的自身特征提供完整的发展评价和教育支持是非常重要的。第一，就个体而言，每个生命的特征和具体的状况都不一样。由于遗传、受教育背景和文化环境等因素的综合影响，生命个体之间无论在身体发育、认知水平还是社会性的情绪情感、人际交往等方面存在一定程度的差异都是很正常的现象。学校生命教育应正视这种生命的个体差异性，避免用统一的标准衡量所有的学生。教师应发现学生个体的差异性，尊重每个学生的生命特征和需求，关心、爱护其生命的成长，为他们提供不同的教育支持。这是学校教育的重要内涵，也是生命教育的重要目标。第二，不仅生命之间具有个体差异性，生命自身的发展也具有一定的时序性。生命教育应该充分尊重个体生命成长的阶段性规律和特征，按照生命发育的自然时序给予相应的指导和帮助。学校教育既不能过早地强加给学生过度的、不适合其身心发展规律的学习和发展任务，也不能因为对生命发展时序、需求和特征的不了解、忽视而错过了发展的关键期。因此，教育者要了解关于儿童青少年生命成长和发育的相关知识，了解生命成长的一般规律。第三，基于生命本身固有的特征和成长规律开展生命教育。人的生命是一个包含了自然生命、社会生命和精神生命在内的复杂的综合体，生命的不同层面之间不是相互割裂的，不同层面之间的发育也不存在绝对的先后顺序，更不是彼此独立、互不相干的，而是相互促进、互为条件的综合性过程。一个鲜活、完整的人的生命既有理性、认知、语言、思维，也一定包含着非理性、想象力、幻想、激情等。生命教育是要充分地尊重、呵护并关心其整体性特征，而不是对生命某一个部分的教育。生命教育需要在整体性的生命现象和生命活动之中看待生命、培育并引导生命的完整发展。①

第二节 中段少先队生命自护课程的目标体系

一、中段少先队生命自护课程总目标

以少先队员积极心理的培养为主，强化身体的健康意识，进一步树立正确的理想信念。

（一）积极心理的培养

1. 以主观幸福感为目标，促进积极的情绪体验

积极心理学家塞利格曼教授提出："幸福应该包括积极的情绪、投入、

---

① 王平. 以生命影响生命：融入情感的生命教育理念与方法 [J]. 中国德育，2019 (12).

人际关系、意义和成就这五个方面。"从幸福的意义来说，队员幸福感的体验不仅是一种主观上的感受，也以客观的事实为基础。积极的心理情绪体验主要通过快乐、满意、兴趣、自豪、感激和爱等情绪的体验帮助队员获得主观幸福感。培养积极乐观的情绪是使队员获得幸福和快乐的重要途径。如果队员具有愉快、乐观、开朗、满意等积极情绪，那么他就会具有较强的自我调节能力，能够较好地协调和控制自己的情绪。因此，培养队员的积极心理品质，我们首先是让队员进行积极的心理情绪体验，让他们能够经常体验到快乐、满意等积极情绪，能以更加积极的心态去面对学习和生活中的各项挑战，不断取得成功，从而树立自信心，促进乐观等积极心理品质的形成。

2. 以乐观品质为突破口，进行积极心理品质的培养。①乐观心理品质是积极心理学中研究得比较多的人格品质，已经有了大量的研究成果可以为我们所用。②积极心理品质的培养，可促进学习成绩的提升。③以乐观心理品质的培养为突破口，不仅有助于教师自身乐观品质的培养，同时也有助于教师对积极心理学产生兴趣，从而积极学习，灵活应用。

（二）强化身体健康意识

培养健康的学习习惯与生活习惯，树立健康生活的理念，具备智慧生活的能力。

（三）树立正确的理想与信念

联系学生的生活实际，树立积极健康的生活理念。

二、中段少先队生命自护课程单元目标

（一）中段少先队员心理发展目标

促使少先队员树立正确的人生观、世界观、价值观，帮助学生深入了解具体的心理健康知识，学会欣赏和赞美他人，正确认识他人，建立良好的人际关系。而良好和睦的人际交往氛围能为少先队员积极心态的形成提

供帮助与有利的支撑。

（二）中段少先队员健康生活理念培养目标

健康生活素养是学生的一项重要的综合素质。具体内容包括学生认识自我的优缺点，发展自我的健康身心，珍爱生命，健全人格，自我管理，能够结合实际规划自己的人生发展方向等。教师培养学生的健康生活素养，就是帮助学生形成正确的健康生活素养意识，逐渐形成良好的生活习惯。

（三）中段少先队员积极心态培养目标

积极心态是一种乐观积极的心态，具有这样的心态，学生学习生活会更加积极主动，更容易看到事物积极的一面，更加阳光自信、坚韧不拔，不怕困难，没有什么不可能，专心致志，勇往直前。

我们的目标就是培养学生坚韧不拔的品质，遇到困难勇敢面对，在逆境中不沮丧、不气馁、不退缩，敢于迎着困难上。在对待自身、他人或事物时具有积极、正向、稳定的心理倾向，具有良性的、建设性的、向上向善的心理状态。具备能够正确面对问题与挑战，正面、积极地思考问题，积极采取行动，积极履行责任和义务的能力。成为一个阳光、开朗、豁达的少先队员。

（四）中段少先队员公民意识培养目标

帮助学生逐步形成正确的世界观、人生观和价值观，引导他们关注社会发展，积极参加社会实践，树立独立、健康的人格，做一个负责任的好公民。培养、增强学生的公民责任感，调动学生参与社区事务的积极性。锻炼学生的意志，以社会、大自然为教材，引导学生关注环境、关注社会。以学科整合为途径，促进学生认知水平和动手能力的整体发展。以学生的社会生活为背景，加速学生对社会的认识和适应。扩大学生活动范围、认知范围，不断加深学生对社会的认识，不断亲近自然。增强学生自我调节、自我约束的能力，增强学生适应现代社会活动的能力，发展其观察问题、思考问题及参与社会生活和实践的能力，关心公共事务，并愿意

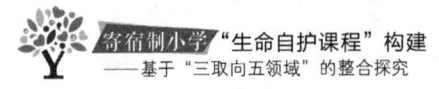

承担责任、践行义务，从而使教育最终为每一个学生的幸福人生奠基。

三、中段少先队生命自护课程分级目标

（一）中段少先队员心理发展分级目标

中段学生具备一定的自我意识，要帮助学生正确认识、评价自我，接纳自己的优点和缺点，相信自己是独特的、与众不同的、独一无二的；同时，能够了解自己所具备的优势，并积极地将这些优势运用到学习生活中，从而产生心理的愉悦感；在社会交往活动中，能够积极理性地解决意见分歧和矛盾，不急躁，不冲动。

（二）中段少先队员健康生活分级目标

中段少先队员健康生活的分级目标主要包含两个方面：①健康习惯的培养。健康习惯的培养又分成两个方面，即学习好习惯和生活好习惯的培养。②智慧生活习惯的培养。其也包含两方面内容，即合理消费、善用信息资源。

（三）中段少先队员积极心态分级目标

中段少先队员积极心态的分级目标主要包含两个方面：①快乐学习理念的培养。而快乐学习理念的培养又分成两个方面，即做学习的主人和学习讲方法。②乐观心态的培养。其也包含两方面内容，即如何正确表达自己和积极面对学习生活中的挫折。

（四）中段少先队员公民意识分级目标

一是责任意识的培养：做自己情绪的主人、行为的主人，不被不良情绪所左右；了解少先队员的权利、责任和义务，正确地行使自己的权利，履行少先队员的义务。二是组织意识的培养：利用榜样的力量，引导少先队员积极主动地向身边同学学习；利用集体的力量帮助队员共同进步，培养集体荣誉感。

第三节 高段少先队生命自护课程的目标体系

一、高段少先队生命自护课程总目标

以少先队员理想信念树立为主，形成强健的体魄。

（一）解决实际问题

1. 学习浅显的、与日常生活密切相关的知识，并能尝试用于解决身边的实际问题。
2. 通过对相关知识的学习，了解生命存在的意义和生活目标。
3. 通过对生命有关知识的学习，了解生命世界的基本事物和现象，形成对一些生命活动以及对人体和健康的初步认识。
4. 初步掌握综合知识和经验，能够运用一些简单工具制造产品或解决实际问题。

（二）掌握生活方法

1. 学会从生活经验中提出简单的科学问题。（提出问题）
2. 学会对一些自然现象进行观察和实验，并且能够对观察和实验的过程、结果进行陈述。（进行观察和实验）
3. 学会对一些自然现象的成因进行假设，运用科学知识对自然现象进行说明和解释。（科学解释）
4. 学会对得到的结论进行验证。（验证或检验）

（三）弘扬生命精神

1. 敢于坚持真理，对自然现象保持好奇心和求知欲，并愿意为探索自然的奥秘付出艰辛和努力。
2. 善于思考和分析，追求准确和精细；同时能听取不同意见，理解别人的观点。

3. 敢于大胆质疑，具有开拓创新的勇气。

二、高段少先队生命自护课程单元目标

（一）认知与技能

1. 生命与自我关系的教育

了解生命的起源和个体生命的孕育以及生命中的各种生理和心理现象；认识生命的特性和发展规律；认识两性差异；学会自我情绪的表达与控制；了解个体身心发展的规律，掌握促进身心健康的方法；掌握日常生活中的技能，学会保护自己，形成良好的生活方式和行为习惯；能规划自己的人生价值。

2. 生命与他人关系的教育

熟悉开放的国际视野下与他人相处的法则；认识到个体生命的共在性以及他人存在对自己生命的意义和价值；学会与人和谐相处，相互关心、共同合作、彼此尊重、善于沟通；同情弱小，积极面对人际冲突，树立宽容意识；尊重人与人之间的差异，发展健康的人际关系。

3. 生命与社会关系的教育

作为一个社会性存在，个体生命首先要社会化，适应社会的要求。了解不同社会和文化背景下，不同种族的个体生活方式；学会处理个人与集体的关系，既要维护个体的正当权益、权利和自由，又要遵守所在群体、社会的制度、规范，培养社会责任感、使命感和正义感；思考死亡与人生的问题，正确认识生与死的关系，树立正确的生命观；还要了解世界的伦理，关心人类的生存危机，树立地球村的观念，实现全方位生命的意义。

4. 生命与自然关系的教育

了解人与自然的关系；认识到每个生命个体都有存在的权利，尊重生命的多样性；爱护环境，善待自然，建立生命共同体，实践保护地球的守则；维护自然生态平衡，形成健康的消费观念，实现人与自然的和谐即可持续发展。

（二）情感态度与价值观

1. 培养尊重生命、尊重自然、尊重社会、尊重他人的可持续发展的价值观、责任感与行为方式。

2. 树立科学的生命观，反对宿命论，能够不断地进行生命的自我体验和省思，体悟生命的神圣与可贵，培养乐观主义的生命态度。

3. 欣赏和热爱自己与他人的生命，珍惜生命的存在，感受生命的美好，保护生命，发展生命，提高生命的价值和意义。

4. 逐步树立珍惜资源、爱护自然的意识和环境伦理价值观，逐步养成关心和爱护其他生命及自然环境的行为习惯。

5. 培养开朗合群、善于沟通与合作的社会适应能力，把对生命的关怀和热爱惠及他人和自然，能勇敢地面对挫折，具有坚强的意志品质。

6. 积极关注社会，不分种族、国家、地域，平等友好相处，善于帮助弱势群体，具有正义感和宽广的胸怀。

（三）行动与表现

1. 通过开展贴近学生生活实际的课堂活动和模拟训练，使学生在参与中体验珍爱生命、敬畏生命、发展生命的重要意义，进而养成对自己、他人、社会乃至其他物种负责任的行为方式。

2. 通过组织各种课外实践活动，使学生在身临其境中受到感染和陶冶，从而形成正确的生命意识和关爱生命的行动。

3. 通过生命教育课程的学习，学生能够积极向上地生活，恰当、健康地与他人交往，坚强地面对困难和挫折，不伤害自己和他人的生命。

4. 引导学生敬畏自然，尊重生命的多样性和所有生命的权利，能够在生命与自我、生命与他人、生命与社会、生命与自然的和谐中，正确地实施自己的行为与活动。

三、高段少先队生命自护课程分级目标

（一）五年级少先队生命自护课程分级目标

1. 做情绪的主人

生命与身体——了解情绪的分类和控制方法。

心理与行为——学会管理好自己的情绪。

信念启蒙与塑造——珍爱生命，健康成长，管理好自己的情绪。

2. 美的传递

生命与身体——美的分类及表现。

心理与行为——做一个行为美、着装美、语言美、心灵美的队员。

信念启蒙与塑造——多种方式表现美，把正能量传递给身边的人。

3. 青春期的生长与保健知识

生命与身体——了解青春期的生理知识及自己身体的变化。

心理与行为——正确看待发育过程中的身体变化。

信念启蒙与塑造——珍爱生命，健康成长，增强自我意识，关心异性朋友。

（二）六年级少先队生命自护课程分级目标

1. 我为队旗添光彩

（1）培养中国少年先锋队队员的责任感，巩固树立中国少年先锋队组织的荣辱意识。

（2）培养作为社会主义事业接班人的上进心。

（3）抗击疫情，向英雄致敬。

（4）树立正确的价值观、英雄观，崇拜为社会做出贡献的人；在抗疫、抗洪期间，无数平民英雄不顾个人安危，救死扶伤、前赴后继的崇高的道德情操和无私奉献精神更值得少先队员们学习；学习崇高的英雄精神，激励自己、催人奋进。

2. 控制情绪

懂得调控自己的情绪对于个人行为和生活的重要性。学会合理宣泄不良情绪，保持积极、乐观、向上的情绪状态。逐步掌握一些情绪调节的有效方法，形成自我调适、自我控制的能力，继而能够较理智地调控自己的情绪，做自己情绪的主人。

第四节　大队生命自护课程的目标体系

一、大队生命自护课程的总目标

少先队创造性地开展组织教育、自主教育、实践活动，保护和关心少年儿童的成长，坚持以社会主义思想和共产主义精神教育少年儿童，好好学习，天天向上，从小学习做人，从小学习立志，从小学习创造，爱祖国、爱人民、爱劳动、爱科学、爱社会主义，锻炼身体，培养能力，学习和实践社会主义核心价值观，努力成长为担当民族复兴大任的时代新人，做共产主义的接班人。

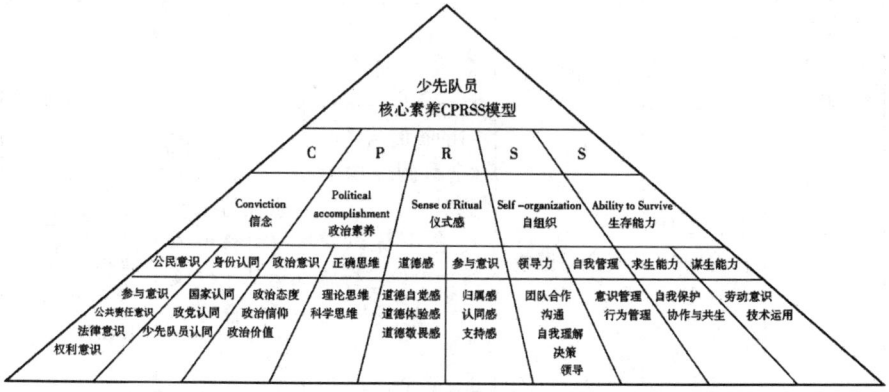

图 6-1　少先队员核心素养 CPRSS 模型

二、大队生命自护课程的单元目标

表 6-1　大队生命自护课程的单元目标

大主题		必修		选修	
		小主题	活动摘要	小主题	活动摘要
1. 取向：身体、心理、劳动、信念、创新　2. 形式：一次全员参与（必修）；一次大队委或部分队员参与（选修）	9、10月 生命的力量（诗）	光荣与使命——10·13建队节（思想成长）	1. 基于身体成长，用诗歌来表现和激励队员的思想成长　2. 新生建队，分批入队；2—6年级庆队　3. 新大队委戴标仪式	责任与担当——队礼仪活动	1. 大队委掌握队的基本仪式　2. 大队委用诗歌的形式对新生进行队前教育（队旗、队礼、队歌、系红领巾等）
		劳动与成长——秋耕社会实践（精神成长）	1. 田园诗歌会（用诗歌来歌颂劳动精神）　2. 体验劳动	责任与担当——秋耕活动的组织与协调	1. 大队委明确活动方案及要求　2. 活动中发挥榜样作用　3. 组织与评价
	11、12月 生命自护行（书）	安全与健康	1. 借助校运动会进行健康运动、安全自护资料的查阅与学习（全科阅读中涵盖）　2. 各中队以年级为单位进行展示（以书面为主）　3. 安全、自护知识学习（防火、防踩踏、防爆竹等）	责任与担当——自护·运动·健康活动宣传	开展征文活动，利用广播站进行运动健康知识的宣传

续表

大主题	必修		选修	
	小主题	活动摘要	小主题	活动摘要
1、2月 自我管理	坚持与拓展——寒假自我管理	1. "四个坚持"（读书、劳动、运动、关注时事） 2. 合理制订假期作息计划，完成假期任务清单 3. 假期计划实施情况评价	坚持与拓展——寒假自我管理	1. 外出研学 2. 研学表现评价
3、4月 文化的浸润（礼）	经典与传承——国学文化节	各中队以不同的形式（吟诵、表演、手工、诗词大赛等）展示中国传统文化	责任与担当——国学文化节活动的组织与协调	组织队员、小队对本中队的国学文化创意进行展示
	播种与希望——春种活动	1. 体验播种 2. 学习耕作之礼（顺序、协作）	责任与担当——春种活动的组织与协调	1. 大队委明确活动方案及要求 2. 活动中发挥榜样作用 3. 组织与评价
5、6月 多彩的生命（乐）	自信与分享——六一儿童节活动	用多样的形式表现少队员积极向上的精神风貌	责任与担当——六一儿童节活动的组织与协调	1. 大队委明确活动方案及要求 2. 活动中发挥榜样作用 3. 组织与评价
	安全与健康	安全、急救知识学习（防自然灾害、防溺水、防暴力）		

续表

大主题	必修		选修	
	小主题	活动摘要	小主题	活动摘要
7、8月 自我管理	坚持与拓展——暑假自我管理	1. "四个坚持"（读书、劳动、运动、关注时事） 2. 合理制订假期作息计划，完成假期任务清单 3. 假期计划实施情况评价	责任与担当——暑假自我管理	1. 外出研学 2. 研学表现评价

（一）大队生命自护必修课程目标

1. 让少先队员懂得珍惜生命，热爱生命

小学生的人生观和世界观都处在尚未形成、容易塑造的阶段。小学生的年龄尚小，珍爱生命的意识淡薄，自我保护的能力相对低下，属于最容易受到伤害的弱势群体。因此，从小学开始进行有关生命的启蒙性、基础性教育，提高他们对生命意义和目的的认知水平，增强他们珍爱生命的意识，培养他们自我保护生命的能力和行为取向，是十分必要的。

关注生命，培养珍爱生命的意识，是素质教育的要求，也是人文教育的体现。学生是教育的对象，也是教育的主体，教师只有尊重学生的主体地位，发挥他们的主体作用，才能让学生在主动参与教育活动的过程中提高认识，发展个体生命，把生命教育变为自身的需要。学校教育应当立足于人的完整生命的塑造和健康的人格培养。学校的道德教育主宰、支撑整个生命的成长、获取幸福人生的决定因素，倘若缺失了这些因素，人的其他部分的成长和发展就会受到影响和限制。由此可见，学校的生命教育必然是在教育教学和生活实践中通过渗透的方式而非依赖于独立时空而开展的。

如何进行生命教育呢？学校可以说是一个最重要的阵地，它对青少年的生命发展起着主导性作用。三毛曾说："一个聪明敏感的孩子，在对生命的探索和对生活价值的思考上，往往因为过分执着、拼命探求而得不到答案，于是一份不能轻视的哀伤，可能会占去他日后许许多多的年代，甚至永远不能超脱。"因此，我们急需在校园中开展生命教育。

生命教育的第一层目标是通过学校生活培养学生珍惜生命、热爱生命的意识。生命的一维性决定了它的不可往复性。因此，在学校生活中，应该教育学生体会生命的价值及意义。通过开展相关活动，培养学生珍爱自己和他人生命，以及明晓生命的来之不易。通过这些活动，激发学生认识生命、热爱生命，形成符合其成长和当下生活需要的生命观。

2. 促使少先队员心理健康成长

当代小学生是跨世纪的一代，关系着祖国的未来和民族的希望。他们正处在身心发展的重要时期。小学生在成长的过程中会有很多的困难和挫折，会遇到一系列的心理问题。我们不仅要关注教学，更要重视学生的心理素质教育，我们要及时发现问题、分析并找到解决问题的方法。这会让学生的心理沿着健康的轨道前行，茁壮成长。

心理健康是指在适应环境过程中的心理体验与行为模式的状态和水平。学生心理健康是根据小学生身心发展的规律和特点，运用心理学的教育方法和手段，培养小学生良好的心理素质，促进小学生身心全面和谐发展、提高学生的整体素质的教育。"注重每一位学生的身心发展"重点关注的是每一位学生的喜怒哀乐，是学生的情绪和情感，是学生道德水平和人格的养成。

生命教育的第二层目标以第一层目标为基础，学生有了要珍惜、热爱生命的正确认识后，便会寻求更进一层次的目标——心理健康发展。随着社会的重视，目前学校教育已慢慢成为学生心理健康教育的主战场。小学阶段是人生长发育的初期，这一时期生理发育很快，而心理则几乎从零开始，尽管孩子入学前受到家庭的一些影响，但是这与学校教育阶段相比，则显得微乎其微。小学阶段的心理健康教育必将奠定孩子的心理健康基础，一个人的性格、情绪、意志品质、人格、兴趣爱好及各种技能等都将在这一阶段初步形成，人的潜能（想象力、创造力、记忆力、思维力、注意力等）也将初步得到开发。小学生的心理健康及其成长，需要家庭、学校、社会多方面进行关心与呵护。只有健康的心理素质和健康的生理素质

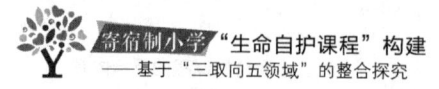

相结合，加之其他积极因素的相互作用，才能确保青少年健康成长，使学生的人格得到和谐发展，为适应未来的社会需要在能力上和心理上做好准备，使他们真正成为有理想、有道德、有文化、有纪律的一代新人，让每一位小学生健康茁壮地成长，成为一个对社会有用的人。

3. 培养少先队员自我发展意识

生命教育的第三个层次是最高目标，即自我实现。包括：自我的发展、事业的发展、人际关系的发展、兴趣的发展、情感的发展等方面。以上这些构成学生发展的主要方面，通过在教育情境中，设定具体目标，培养学生各方面的发展能力，并教育学生直面人生的积极态度，让学生的生活五彩斑斓、充满希望。一个有着积极意义的人生是不断超越、不断实现自我的人生。通过这些不同阶段的"小"实现而凝结成富有意义的人生，即最终的自我实现。学生在学校生活中，应该学会如何调整理想与现实的差距，明白亮丽多彩的人生是经过多次的努力而最终达成的。

4. 培养少先队员劳动创造的能力

劳动创造了人类，劳动创造美，劳动是打开幸福之门的钥匙，我们的学习和生活都离不开劳动。现代化的交通工具、高大雄伟的建筑、漂亮的衣着、可口的美食、因特网的普及等，无不是体力劳动者和脑力劳动者日复一日辛勤劳动的结果。而在现实生活中，我们却发现现在的孩子都存在着一个普遍的现象：在生活上独立性差，衣来伸手，饭来张口，不爱劳动，不懂得珍惜劳动成果。

劳动能使人学会生活、学会生存、学会交往、学会发展。人类要生存、要发展，就要劳动。劳动不仅培养孩子的自理能力、独立意识，更能培养其创新能力。劳动在改造客观世界的同时，也改造了人的主观世界，创造精神财富。通过劳动，学生能体会蕴藏在艰辛中的乐趣，会更坚强、有毅力。

勤劳，是中华民族的传统美德，为中华民族创造了无数辉煌，是我们永远的瑰宝，必须永远传承。学生是祖国的未来，学会劳动，热爱劳动，是每一个少先队员的必修课。人世间的美好梦想，只有通过诚实劳动才能实现；生命里的一切辉煌，只有通过诚实劳动才能铸就。

5. 提升少先队员的信念

我国古训有言：少年立志要远大，持身要紧严。立志不高，则溺于流俗；持身不严，则入于匪辟。理想作为一种社会意识、社会存在的反映，因时代不同而有差异。我们敬爱的周恩来总理少年时代对自己学习的最终目的就十分明确，那就是：为中华之崛起而读书。青少年是富有朝气、可塑性极强的社会群体，他们的行为习惯和道德规范的养成，对树立远大的理想信念起着举足轻重的作用。

首先，要注意对学生道德规范的教育。在道德规范的教育方面，认真贯彻《小学生日常行为规范》和《小学生守则》，并根据其制定相应的规章制度，使学生的言行都能受到一定的道德规范的约束，逐步养成良好的习惯。对小学生进行理想教育时，应从发展学生的兴趣着手，开展各种活动，寓理想教育于各项活动之中，使学生通过活动，既激发兴趣，又培养能力。在教育中，让学生知道理想信念是高于现实的东西，美好的理想信念转化为现实需要经过努力，经过奋斗；不想努力，不愿奋斗，理想信念永远只是空想，毫无意义。其次，教育学生为实现理想而努力应脚踏实地，从现在做起，从小事做起。不肯做小事的人，难以成就大事业。所谓"不积跬步，无以至千里""一屋不扫，何以扫天下""细节决定成败"说的就是这个道理。要让学生明白实现明天的理想要与今天的学习、锻炼相结合；要让学生懂得：理想的实现不会一帆风顺，会遇到各种各样意想不到的困难和挫折，只有以一种坚韧不拔的精神去面对困难和挫折，以顽强的毅力去冲破艰难险阻，才会达到理想的彼岸。

总之，对小学生开展理想教育的目的，就是通过各种德育活动，帮助学生树立积极的奋斗目标，充实学生的学习生活和个人生活。理想教育要从不同阶段、不同对象的实际出发，选择不同内容、不同方式进行。要通过教育，使学生感到所追求的理想不是虚无缥缈之物，而是经过努力能够实现的现实，从而坚定对理想的追求。通过理想教育，引起学生积极向上的愿望，激发学生实践创新的兴趣，焕发学生努力奋斗的热情，改变学生的生活态度、生活方式，使之成为我们改变家乡面貌、建设伟大祖国的强大动力。

6. 培养少先队员的创新能力

创新，是国家兴旺发达的灵魂，是民族自强不息的精神，是一个民族进步的灵魂，是国家兴旺发达的不竭动力。陶行知老先生曾经说过："处处是创新之地，天天是创新之时，人人是创新之人。"21 世纪是中华民族伟大复兴的世纪，面临激烈的国际市场竞争，我国急需一批优良的建设人才。创新要靠人才，而人才来源于良好的教育。国家振兴，教育先行，培养并提高民众的创新意识和创新能力对于社会经济的发展和综合国力的增强起着决定性的作用。少年时期培养起来的心理、性格、能力会影响人的一生，抓住这个关键时期，注重培养小学生的创造能力，塑造创新型人才，是新时期教育改革的必然要求，也是全民素质提高的重要手段。新世纪的人才，必须是有创造力的人才。创新教育是以培养人的创新意识和创造能力为基础价值取向的教育实践。其核心是在全面实施素质教育的进程中，着重研究和解决基础教育如何培养小学生的创新意识和创造能力的问题。所以，在教学活动中，营造宽松的环境，挖掘小学生的创新潜能；引导小学生独立思考，培养创新意识；遵循学生的个性特点，保护学生的独特见解；巧妙设计活动，拓展学生的创新思维；开展良性竞争，培养学生的创新品质，提高学生的创造能力，已成为我们教育工作者共同研究的重要课题之一。

(二) 大队生命自护选修课程目标体系

少先队是中国共产党创立并领导的少年儿童群众组织，肩负着通过组织教育培养党的事业接班人的使命。保证少先队活动时间，实施少先队活动课程，是科学落实少先队组织根本任务的重要保证，是中国特色社会主义教育体系的重要内容。

大队选修课程以少先队组织为实施载体，以实践体验为基本途径，坚持必要的灌输教育、正确引导的社会观察与丰富多样的实践体验相结合，注重运用队旗、队礼、队歌、呼号、红领巾、鼓号等少先队特有的礼仪文化，重在激励少先队员通过组织中的自我教育，在体验中健康成长，与必修课程相辅相成、互为补充。

第六章
少先队生命自护课程的目标体系

根据积极培育和践行社会主义核心价值观的要求，重点运用少年儿童思想意识的形成和发展规律，教育引导少年儿童按照党的要求，培养正确的世界观、人生观、价值观和对党、社会主义祖国、人民、中华民族的朴素感情，成为实现"中国梦"的合格预备队。

1. 培养队员组织意识

教育引导少先队员遵守少先队的章程，牢记党是少先队的创立者和领导者，认识党的伟大、光荣和正确，理解少先队的性质、目的等基本知识，懂得少先队的历史，珍惜少先队员称号，履行少先队员权利和义务，遵守纪律，服从队的决议，积极参加队的活动，努力完成队组织交给的任务，热心为大家服务，学会合作，培养集体主义精神，增强光荣感和组织归属感，培养党、团、队相衔接的组织意识。

2. 促使队员道德养成

教育引导少年儿童从小学习做人的准则，有品德、有知识、有责任，坚持以品德为先；学习和传承中华民族传统美德，学习和弘扬社会主义新风尚，热爱生活，懂得感恩，与人为善，明礼诚信，争当学习和实践社会主义核心价值观的小模范；记住要求，心有榜样，从小做起，接受帮助；培养法治意识，养成守法习惯；爱护生态环境。

3. 开启队员政治启蒙

教育引导少年儿童从小学习立志，认识和理解党的两个一百年的奋斗目标和中华民族伟大复兴的"中国梦"，把自己的志向同祖国和人民联系在一起；树立追求真理、报效祖国的志向，爱祖国、爱人民、爱劳动、爱科学、爱社会主义，时刻把祖国和人民放在心中，从小听党的话、跟着党走，努力做祖国和人民需要的好孩子，做祖国和人民事业发展的接班人；牢记正义必胜、和平必胜、人民必胜，增强国防意识和国家安全观念，自觉维护中华民族大团结。

4. 引导队员成长取向

教育引导少年儿童从小学习创造，学习用新理念、新知识、新本领去适应和创造新生活，争当勤奋学习、自觉劳动、勇于创造的小标兵，敢于有梦、勇于追梦、勤于圆梦；培养科学精神，激发科学梦、创造梦、报国梦；培养媒介素养，从小争当中国好网民；积极参加体育锻炼，培养良好心理素质和意志品质；培养阅读习惯、审美意识和情趣，阳光生活，快乐成长，全面发展。

少先队组织对少年儿童的信仰启蒙，以"五爱"和社会主义核心价值观为内容，以中国特色社会主义共同理想为目标，以促进少年儿童全面发展为方向，重点培养少年儿童树立正确的世界观、人生观和价值观，引导少年儿童永远热爱我们伟大的祖国、永远热爱我们伟大的人民、永远热爱我们伟大的中华民族。

第七章 少先队生命自护课程的内容体系

第一节 少先队生命自护课程的结构与体例

一、结构

（一）显性模块：生命历程的研究、自护习惯的研究、突发事件应对的研究、身心健康建设的研究

1. 生命历程的研究

生命历程，整合为生命教育。从出生到死亡的过程中所发生的事件和经历，对于少年儿童来说是一种生命的教育。尊重和关爱生命的前提就是培养少年儿童的生命自护意识。在生命历程课程的构建中，要让学生认识生命、关爱生命，从而尊重生命，了解生命的价值。可以利用文献法和行动研究法让学生了解生命的历程和起源，利用经验总结法让学生在日常活动中感知生命的可贵。

2. 自护习惯的研究

自护教育的目的是让人具备保护自己和保护他人的安全生存意识、技能、手段和方法的能力，这种能力的培养基础是从小养成自护习惯。在少年儿童时期，要通过自护习惯的培养，让学生学会健康而智慧地生活。在关于自护习惯的研究课程构建中，要从培养卫生习惯、科学作息习惯、整理物品习惯和建立危机意识四个内容入手，利用文献法为学生普及日常生活中的卫生知识和传递科学作息的理念，利用行动研究法培养学生良好的卫生习惯和作息习惯，利用观察法帮助学生掌握物品分类和收纳的技巧，

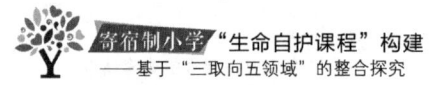

利用案例分析法帮助学生识别危险和整理应急包。自护习惯是生命自护教育的基础,是学生必须掌握的基本技能,更是受益终生的素养。

3. 突发事件应对的研究

突发事件,即在无任何预警情况下发生的,严重影响教学活动与校园秩序,影响学生身心健康成长的突发事件。在关于突发事件的应对课程构建中,要完善校园意外伤害的预防及意外伤害的应急机制,制定相关标准,向学生普及安全知识,并帮助学生养成安全行为习惯。学校的应急小组通过日常的应急模拟训练,在有意外伤害事故发生时,通过及时准确地处置,使小学生意外伤害发生率降低。可以利用文献研究法和行动研究法向学生普及安全知识并帮助其养成安全行为习惯,利用经验总结法等及时处置意外伤害事故。小学生是祖国的未来,对突发事件应对的研究是提高小学生应对突发事件的自我保护能力的保障。

4. 身心健康建设的研究

身体健康和心理健康的研究是少先队生命自护课程的重要内涵之一。身体健康,即一个人的身体处于良好的状态。心理健康,即一个人心理的各个方面及活动过程处于一种良好或正常的状态,其理想状态是性格完美、认知正确、情感适当、意志合理、态度积极、行为恰当、适应良好。在身心健康活动课程构建中,将采取结合本校实际、完善少先队员的身体健康和心理健康的内容及相关标准,并研究出《成都美视国际学校中国部·小学学生身心健康手册》,设计提升少先队队员身心健康的主题活动,形成"生命自护"活动课程体系。利用文献研究法研究小学生身心健康的内容及标准;利用调查法研究小学生身心健康的现状和问题,为少先队生命自护活动课程设计提供佐证;在活动的设计和实施中,实验、总结、提炼研究成果,完善学校"感恩生命、欣赏成长"理念下的德育课程体系。

(二)隐形模块:自我学习、时间管理、审美、自我理财、生活

1. "三理论"

(1)自我管理理论

自我管理理论原本属于临床治疗领域的研究范畴,通过提高患者的自我管理能力,达到治疗效果。20世纪60年代,该理论被运用于管理学范

畴后，得到广大研究者的青睐。自我管理理论倡导组织里的"人"，即知识工作者，能够凭借其职务及知识，对该组织负有贡献责任，因而能实质性地影响该组织的经营能力，并达成成果。这便是管理者。基于管理的主体是其本人，故自我管理的内容一般包括个体的工作、学习、生活、时间、健康、人际关系等一切关于人自身的所有生存所需内容，启示了本成果在自我管理培养内容和领域上的划分，即将学生进行自我管理的领域划分为学习、时间、理财、生活、审美五个领域。

（2）自我效能感理论

自我效能理论是班杜拉社会学习理论体系的重要组成部分，是指个体对自己执行某一特定行为的能力大小的主观判断，即个体对自己执行某一特定行为并达到预期结果能力的信心或信念。自我效能对行为的调控主要表现在三个方面：一是影响人们对行为的选择与行为的坚持性；二是影响人们的努力程度和对困难的态度；三是影响人们的思维方式和行为效率。一般说来，个体的成功经验会增强他的自我效能，不断成功会使人建立稳定的自我效能，它不会因为一时的挫折而降低。相反，经常性的失败则会降低自我效能。自我效能感理论启示本成果充分给予学生自我管理的机会，打造宽容轻松的成长氛围，帮助其积累成功体验，提升学生自我管理的信念和意愿。特别是在时间、理财、审美等较为抽象的领域中，学生更需要从实践中体会成功的喜悦，收获自我效能感，从而提升自我管理的主动性和倾向性。

（3）人本主义理论

人本主义起源于德国古典哲学的代表人物费尔巴哈，他认为宗教的本质就是人的本质，自然界是无意识的实体，而人是有意识的实体。人的本质存在不是感性的肉体，也不是人的精神，而是人的社会关系的总和。马克思主义的人本理论既把人的全面发展看成是历史生成的发展过程，又把人的全面发展视作人类社会发展的理想目标。人本主义理论中国化的发展，主要要求在尊重人、关心人、信任人、理解人的基础上，把学生当作管理对象的同时，又把学生当作管理的主体。人本主义理论指导本成果对学生自我管理的现状进行充分了解后，倾听学生的意愿，引导学生在学习、时间、理财、生活、审美等方面进行自我管理的认识，为学生提供尝试自我管理的平台和进行自我管理的机会和空间。

2."五领域"

（1）自我学习管理

小学生做好学习管理有助于学生提高学习效率，培养学习技能；有助于学生磨砺意志，增强自身修养；有助于发展学生的思维能力；有助于学生形成终身学习理念。人本主义认为，要激发学生的内在学习动力，因材施教，才能达到良好的学习效果。寄宿制小学生自我学习管理能力培养可以从自我制定学习目标（target）、自我优化学习方法（method）、自我监控学习过程（process）、自我评价学习成效（result）四方面入手，培养学生的自我学习管理能力。

寄宿制小学生自我学习管理能力培养的"L-tmpr"[①]策略体系可以结合寄宿制学校的其他校本课程，在具体活动和课程中，根据自我制定学习目标、自我优化学习方法、自我监控学习过程、自我评价学习成效四个维度，制定出更加详细的策略。以成都美视国际学校为例，可以在"生命自护课程""德育课程""教学课程""评估课程""拓展课程"中培养学生的自我学习管理能力，具体策略举例如表7-1：

表 7-1　小学生自我学习管理

课程场景	维度	具体策略举例
生命自护课程	自我制定学习目标	尊重和关爱生命 了解生命的价值 知道生命的历程和起源知识
	自我优化学习方法	随中队一起参加自护专题活动，与他人分享交流感受
	自我监控学习过程	在课程构建中培养良好的学习习惯
	自我评价学习成效	树立"生命至上"的价值观

[①] L-tmpr 策略体系包括 Learning-target（自我学习管理能力—学习目标）、method（学习方法）、process（自我监管学习过程）、result（自我评价学习成效）。

续表

课程场景	维度	具体策略举例
德育课程	自我制定学习目标	感恩生命，体会成长的美好
	自我优化学习方法	团队、班级合作进行探究，进行专题活动
	自我监控学习过程	通过重大节日、纪念日深化情感
	自我评价学习成效	更加接纳自我和家庭，自我反思与评价
教学课程	自我制定学习目标	制定个人学期目标、学科目标
	自我优化学习方法	利用校本特色课程模块资源包进行学习、团队合作学习
	自我监控学习过程	把握团队学习进度、帮助团队成员
	自我评价学习成效	进行学生自评、学生互评、团队评价
评估课程	自我制定学习目标	形成个人学习档案
	自我优化学习方法	自主完成特色作业，跟踪完善个人综合素质报告册
	自我监控学习过程	利用学习资源包进行学习
	自我评价学习成效	成果向同伴展示
拓展课程	自我制定学习目标	根据个人情况提升艺术、体育类的兴趣爱好
	自我优化学习方法	团队合作
	自我监控学习过程	参加每日活动、每周活动、竞赛等，持续学习
	自我评价学习成效	个性化、差异化发展

(2) 自我时间管理

学生的自我时间管理是指学生具有良好的时间意识和守时观念，懂得如何计划时间、分配时间和反思时间。人本主义理论强调从学生的实际情况出发进行分析。笔者对成都美视国际学校的家长和学生分别进行了有关学生时间管理情况的问卷调查，发现学生在时间管理上存在以下几个问题：缺乏学习时间管理的意识、缺乏学习时间管理的方法、缺乏学习时间管理的意志。针对以上问题，本成果认为，寄宿制小学生自我时间管理能力培养可以从目标与计划（plan）、分配时间（distribution）、使用时间（use）、反思与调整（adjustment）四个方面入手，培养学生的自我时间管理能力。

寄宿制小学生自我时间管理能力培养的"T-pdua"①策略体系可以结合寄宿制学校的其他校本课程,在具体活动和课程中,根据目标与计划、分配时间、使用时间、反思与调整四个维度,制定出更加详细的策略。以成都美视国际学校为例,可以在"生命自护课程""教学课程""家校课程""实践课程"中培养学生的自我时间管理能力,具体策略举例如表7-2所示:

表7-2 小学生自我时间管理

课程场景	维度	具体策略举例
生命自护课程	目标与计划	理解生命历程、时间的意义
	分配时间	制订计划,分清轻重缓急
	使用时间	珍惜时间,形成良好的作息习惯
	反思与调整	提升生命意识、时间观念
教学课程	目标与计划	跨学科学习中分清主次
	分配时间	学习中整体把握学习计划
	使用时间	按照计划定期完成,团队定期开会
	反思与调整	课程后反思阶段性目标是否按时完成
家校课程	目标与计划	定期请家长进课堂,邀请家长参加开放日活动
	使用时间	定期参加家校活动
实践课程	目标与计划	策划项目式活动和实践活动安排表
	分配时间	区分活动的主次之分,预留实践活动的机动时间
	使用时间	提高活动效率
	反思与调整	总结实践活动的程序和时间安排是否合理,调整下一次活动的计划

---

① T-pdua 策略体系包括:Time-plan(时间管理—计划)、distribution(分配时间)、use(使用时间)、adjustment(反思与调整)。

（3）自我审美管理

小学生正处于审美意识的启蒙阶段，根据其认识发展情况，需要逐步建立简单地对"美"与"丑"的判断，学习简单的艺术知识，并对审美有自己的初步理解。在此过程中，需要学校、家庭、社会三方面的配合与协助。寄宿制学生在审美领域的不足主要体现在缺少审美的相关专业知识、对美的敏感度不高、在评价艺术的时候没有自己的标准等方面。针对以上问题，寄宿制小学生自我审美管理能力培养可以从审美知识（knowledge）、审美观（concept）、审美实践（practice）三个方面入手，提升学生的自我审美管理能力。

表 7-3 小学生自我审美管理

课程场景	维度	具体策略举例
家校	审美知识	从家庭生活中发现艺术之美，认识到美源自生活
	审美观	提升创造能力、好奇心、想象力
	审美实践	与家人一起创造有艺术感染力的作品
评估	审美知识	知道大众审美的标准，什么是生活中的美
	审美观	善于发现美，懂得如何欣赏艺术作品
	审美实践	文艺汇演、获奖作品汇报、美术展览、个人音乐会
实践	审美知识	学习跨学科的审美知识，开阔审美视野
	审美观	提升欣赏能力，陶冶情操
	审美实践	跟同伴一起参加艺术实践活动、庆祝活动

（4）自我理财管理

小学生理财能力的培养，实质就是正确的消费观念的培养。小学生理财能力的培养有助于帮助学生更好地适应社会；有助于促进学生形成正确的消费观，有效地锻炼自己的独立能力；有助于提高学生的观察和分析能力、沟通能力和财务决策能力。寄宿制小学生自我理财的问题体现在：学生缺乏购物体验、学生缺乏辨别"想要"和"需要"的能力、学生理财意识淡薄等。针对以上问题，本成果认为寄宿制小学生自我理财能力培养可以从理财知识（knowledge）、理财意识和消费观念（concept）、理财实践（practice）三个方面入手，培养学生的自我理财管理能力。

寄宿制小学生自我理财管理能力培养的"F-kcp"[①] 策略体系可以结合寄宿制学校的其他校本课程，在具体活动和课程中，根据理财知识、理财意识和消费观念、理财实践三个维度，制定出更加详细的策略。以成都美视国际学校为例，可以在"德育课程""家校课程""实践课程"中培养学生的自我理财管理能力，具体策略举例如表7-4所示：

表7-4　小学生自我财务管理

课程场景	维度	具体策略举例
德育课程	理财知识	有付出才有回报，积少成多
	理财意识和消费观念	勤俭节约，绿色消费，养成拾金不昧的金钱观
	理财实践	参与家庭记账活动
家校课程	理财知识	从学校、家庭中发现财务现象，产生好奇和兴趣，了解浅显的货币知识、金融知识
	理财意识和消费观念	理性消费，不从众的理财意识
	理财实践	参加小鬼当家、如何支配压岁钱等家庭理财活动
实践课程	理财知识	学习跨学科的、与课堂联系紧密的财务知识
	理财意识和消费观念	不攀比，不冲动消费
	理财实践	参加跳蚤市场、旧物互换等校园活动

（5）自我生活管理

良好的自我生活管理对于寄宿制学生特别是生活自理能力较差的学生的好处主要表现在：它可以促进生活规律性，促进良好习惯的养成，帮助学生学会与社会融合。人本主义理论倡导教育者应倾听学生的意愿。经过走访调查发现，目前成都美视国际学校的学生在自我生活管理上的问题包括：学生自觉整理物品的意识较弱、学生对卫生的关注度不够、学生在家主动做家务的情况较少等。针对以上问题，本成果认为寄宿制小学生自我

[①] F-kcp 策略体系包括：Financing-knowledge（自我理财能力—理财知识）、concept（理财意识和消费观念）、practice（理财实践）。

生活管理能力培养可以从规整个人用品、注意个人卫生、主动承担家务三个方面入手，培养学生的自我生活管理能力。

表 7-5　小学生自我生活管理

课程场景	维度	具体策略举例
生命自护课程	规整个人用品	整理个人物品，对个人物品有安全意识，防止丢失
	注意个人卫生	注意食品卫生，注意个人在公共场所的防护
家校课程	规整个人用品	规整好学习用品和生活用品
	注意个人卫生	仪容仪表要整洁，良好的卫生习惯
	主动承担家务	主动爱护校园和家庭的环境卫生
实践课程	规整个人用品	举办各类活动时注意不要丢失个人物品
	积极承担公共区域卫生	争取宿舍和班级的"流动红旗"

二、课程编制体例（教材编制）

（一）内容组织方式

阶梯式、螺旋式上升：以泰勒的课程编制理论为指导，以少先队员核心素养为理论基础，遵循儿童的身心发展规律，坚持螺旋式、阶梯式的内容组织方式。

（二）内容组织关系

年段间与年级间关系：年段间呈螺旋式、阶梯式关系，年级间呈并列关系。

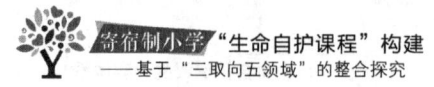

第二节　少先队生命自护课程的组织单元

一、少先队低段生命自护课程组织单元

（一）学期主题：生命历程

生命历程理论来自芝加哥学派对移民的研究，是国际上正在兴起的一种跨学科理论，侧重于研究剧烈的社会变迁对个人生活与发展的显著影响，将个体的生命历程看作是更大的社会力量和社会结构的产物。生命历程理论的基本分析范式，是将个体的生命历程理解为一个由多个生命事件构成的序列，同样一组生命事件，若排序不同，对一个人人生的影响也会截然不同。

◈ **教学目标**

1. 知识与技能：通过学习，让学生懂得生命的起源以及生命的历程，让学生懂得生命既属于个人，也属于家庭和社会；引导学生认识生命、尊重生命、热爱生命、珍惜生命。

2. 过程与方法：通过活动，让学生领悟到生命来之不易，使学生初步理解人生的价值，体会生命的可贵，感受生命的喜悦，从而懂得珍爱生命，学会感恩他人。

3. 情感态度与价值观：激发学生对父母、社会的感激之情；增强其对家庭、社会及他人的责任感，从而培养学生良好的心态和树立正确的人生观。

◈ **教学重难点**

1. 教学重点：了解生命历程，知道珍爱生命，懂得感恩他人，从个人的身体出发认识众生。

2. 教学难点：互评的准确性与效果。

◆ 教学课时

8课时

第一单元　单元主题：认识自身

★ 教学目标

1. 让学生正确认识自己，并正视自己的身体特征。

2. 通过活动，使学生明白每个人都有自己独特的身体，让他们学会自我欣赏并懂得赞美别人。

★ 教学重难点

1. 教学重点：从个人的身体出发认识自己。

2. 教学难点：互评的准确性与效果。

★ 教学课时

4课时

★ 例案：我从哪里来

表7-6　中队生命自护活动课程"三报两评三行"活动课时方案

学期主题	自护习惯	单元主题	认识自身
课时名称		我从哪里来	
备课组（年级）	二年级	备课时间	8月18日
实施时间	9月10日	实施地点	各中队教室
协作学科及内容	科学：婴儿在母体内的成长。 音乐：教唱歌曲《感恩的心》。		
课时目标（取向：身体、心理、劳动、信念、创新；要点：以队员为主）	1. 身体和生命：了解胎儿的生长过程和人类生命的由来 2. 心理和行为：了解生命的由来，感悟生命的神奇 3. 信念启蒙和塑造：了解母亲十月怀胎的辛苦，懂得应珍爱生命、感恩母亲		

续表

学期主题	自护习惯	单元主题	认识自身
实施过程（三报——前两报：小队长向中队长报告人数及活动准备情况，中队长向中队辅导员报告活动人数及活动准备完毕；后一报：中队长向中队辅导员报告活动完成）（两评——队员在活动中对某一环节进行评价；中队辅导员向队员评价整个活动情况）	前置板块（遵循队员自主原则进行课前准备）： 1. 引导队员收集关于"我从哪里来"的相关资料 2. 请一位准妈妈为孩子介绍自己的孕期感受 3. 请音乐教师教唱《感恩的心》并学习手语表演 实施板块： 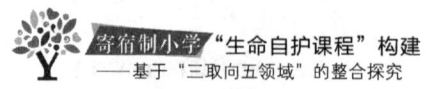 实施过程： 1. 中队活动仪式：三报（略） 2. 两评 (1) 队员评：看课件《我从哪里来》——小宝宝在妈妈肚子里是怎样形成的？ (2) 中队辅导员评：活动结束，辅导员总结——我们作为"人"能来到这个美丽的世界，是多么的幸运！我们应该好好珍爱生命，让自己的生命在人生的舞台灿烂地绽放；妈妈是很伟大的，孕育了我们的生命，养育我们长大，所以我们要爱我们的妈妈。 3. 三行 (1) 队员分享与展示行为：出示图片，引导队员观看并创编"我在妈妈肚子里"的活动与成长；听怀孕妈妈讲述怀孕经历后，学唱并表演手语《感恩的心》。 (2) 小组的协作组织行为：小组讨论——我们如何用行动爱妈妈？ (3) 中队辅导员引导行为： ①活动前引导队员收集关于"我从哪里来"的相关资料。 ②请一位准妈妈为孩子介绍自己的孕期感受，引导孩子体会妈妈孕育新生命的伟大与艰辛。 4. 活动流程 (1) 中队活动仪式的前两报，活动引入。 (2) 看课件，了解自己生命的由来。全班交流：小宝宝在妈妈肚子里是怎样形成的？		

续表

学期主题	自护习惯	单元主题	认识自身
（三行——队员分享与展示行为；小组的协作组织行为；中队辅导员引导行为）	（3）请怀孕妈妈讲述怀孕的感受与艰辛。 （4）看课件了解胎儿生长的过程，并在辅导员的引领下创编表演胎儿在子宫内的活动。 （5）跟唱并手语表演《感恩的心》。 （6）中队长向中队辅导员报告活动完成，退旗，活动结束。		

	维度	为检验课程效果，请客观评价（在分数上画√）	
		自评	听课教师评
实施效果（评价）	目标达成度	5分：完全达成 4分：大部分达成 3分：基本达成 2分：小部分达成 1分：不确定	5分：完全达成 4分：大部分达成 3分：基本达成 2分：小部分达成 1分：不确定
	学生参与度	5分：完全达成 4分：大部分达成 3分：基本达成 2分：小部分达成 1分：不确定	5分：完全达成 4分：大部分达成 3分：基本达成 2分：小部分达成 1分：不确定
	环节流畅度	5分：完全达成 4分：大部分达成 3分：基本达成 2分：小部分达成 1分：不确定	5分：完全达成 4分：大部分达成 3分：基本达成 2分：小部分达成 1分：不确定
教师反思（基于效果）	班主任和音乐、美术、科学教师合作，完美地完成了任务，效果很好，但此课容量较大，用了两课时才完成		
学生活动反思	学生很感兴趣，通过视频、准妈妈的现场讲述及互动，不仅懂得了自己从哪里来、生命的珍贵，也懂得了应该用行动爱妈妈；中队活动流程不够熟练，环节不够流畅，还应训练活动流程		

课堂实录

1. 中队活动开始议程（略）。

2. 中队长讲话：今天我们将通过看视频、小组讨论等方式一起去探寻"我从哪里来"，希望大家积极参与。

3. 看视频《小威向前冲》。看后集体讨论：你想对小威说什么？

队员1：我觉得小威太厉害了，他（她）是十亿分之一的冠军。

队员2：小威来到这个世界太不容易了！

队员3：小威身体真棒，所以他才能跑得那么快！

……

辅导员总结、评价：小朋友们的发言非常棒。大家知道吗？你们就是那个妈妈肚子里的游泳冠军小威！我们能作为"人"来到这个美丽的世界，是多么的幸运！"小威"在妈妈肚子里又是怎样长大的呢？请看视频。

4. 看视频《人体胎儿的成长》。

看后各小队有奖竞答：

胎儿在妈妈肚子里住的小房子叫什么名字？

胎儿要在妈妈肚子里待多长时间？

胎儿怎么从母体吸收营养？

5. 中队长：我们住在妈妈肚子里的子宫里时，妈妈有什么感受呢？有请李阿姨为我们讲讲吧。（准妈妈谈孕期感受）

辅导员点评总结：妈妈是多么伟大呀！孕育了我们的生命，养育我们长大。每个妈妈都希望自己的宝宝能珍爱生命，让自己的生命在人生的舞台灿烂地绽放！

6. 中队长：让我们把这首《感恩的心》送给我们的妈妈吧！（手语操表演《感恩的心》）

7. 中队长向中队辅导员报告活动完成，退旗，活动结束。

第二单元 单元主题：认识众生

★ 教学目标

1. 通过活动，引导学生在实践体验中感悟生命的脆弱，提高对珍爱生命、学会自我保护的重要性的认识。

2. 通过本次班队活动,告诉大家生命不是你一人所有,世界上的任何一件东西也不属于你个人,请珍惜生命,请珍惜你所拥有的一切,请珍惜他人为你的努力和付出,请葆有一颗感恩的心。

3. 让学生在活动中感悟生命是宝贵的、生命是美好的,生命也是顽强和伟大的,要珍爱生命,憧憬未来,让生活更加美好。

★ 教学重点

在实践体验中感悟生命的脆弱。

★ 教学难点

珍爱生命,学会自我保护的重要性。

★ 教学课时

4课时

★ 例案:多彩的生命

1. 教学目标

(1) 了解不同生物的生命过程是不一样的,感受不同生物生命过程的复杂多样。

(2) 从自然中获得美的体验,并用一定的方式赞美自然;珍爱生命。

2. 教学准备

(1) 蚕和凤仙花;一生经历的各阶段的图片。

(2) 南瓜、狗尾草、橘树、黄瓜、银杏树等植物生命过程各阶段的图片和相关资料。

3. 教学安排

1学时

4. 教学过程

(1) 导入新课

教师:丰富多彩的生命装扮了美丽的世界,使世界变得生动、精彩。地球上有着丰富多彩的生命。阿拉伯有一句古语:"人类属于地球,但地球不仅仅属于人类。"地球不仅仅属于人类,那它还属于谁呢?地球上还存在着哪些生命?

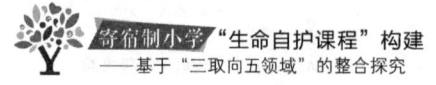

(2) 新课

教师把学生发言写在黑板上,引导学生归纳。

教师:自然界的任何生物都是有生命的,它包括动物、植物两大类,而我们人类是自然界的一部分。(展示不同生命形式的图片)

教师:以前我们可能没有仔细观察过这些动植物,那么现在看着自然界中丰富多彩的动植物,你们有什么感受?你们是怎样理解生命的?我们要善待自然界中的其他生命,与它们共同生存,和谐相处。(小组讨论)

(板书:多彩的生命)

以"蚕"为例探寻动物的生命历程。

①第一阶段:卵;

②第二阶段:幼虫;

③第三阶段:蛹;

④第四阶段:成蝶。

举出具有顽强生命力的实例,如凤仙花。(教师展示图片)

了解一些特殊植物的生命过程,如苔藓、蕨类植物。

教师:有的同学应该见过苔藓,它的一生有没有经历种子、开花、结果这几个阶段呢?

学生交流。

教师:像苔藓、蕨类植物等的生命过程是不完整的,没有经历种子、开花、结果这几个阶段。

教师:动植物皆能顽强生存,那人类该怎样做呢?(小组讨论)

各种生命力之间的关系:

①动物之间……

②植物之间……

③动植物之间……

(3) 小结下课

教师:当我们看见小草翠绿、树影婆娑,听到虫鸣鸟叫、人群喧闹,闻到清新空气、百花芳香时,我们感受到万物欣欣向荣,世界充满生命力和无穷希望。生命是地球上最珍贵的财富,世界因生命的存在而变得如此生动和精彩。

5. 板书设计

多彩的生命

不同生物的生命过程是不一样的。

凤仙花的一生经历了种子发芽、幼苗、开花、结果和种子成熟这几个阶段。

6. 作业设计

口头填空：

(1) 蚕的一生要经历（　　）、（　　）、（　　）、（　　）四个生长阶段，蚕的生长发育过程属于（　　）。

(2) 凤仙花一生中经历了（　　）、（　　）、（　　）、（　　）、（　　）这几个阶段。

(3) 自然界中，不同的生物之间既表现出许多（　　），又表现出（　　）。

(二) 学期主题：自护习惯

安全生活是健康生活的基本保证，要知道生活中随时可能发生意想不到的事情，只有树立自我保护意识，懂得自我保护的常识，学会安全自护，才能消除隐患，健康快乐地生活。引导学生对安全隐患进行讨论，增强学生的安全意识，不做有害自身安全的事情；培养学生在面对各种不安全因素时，灵活应对，保护自己的能力，并引领学生将安全自护应用于实际生活之中。

自护又称自我护理，是护理理论家奥瑞姆的术语，指个体所独立完成地贯穿于生命全过程的，旨在维护和促进个体完好健康状态而进行的一种习得的、目标指向性的自我照顾活动。

◎ **教学目标**

1. 让学生了解一些常用的安全常识，能正确地进行自我保护。

2. 让学生初步养成自我保护的意识和能力，考验学生的反应能力，锻炼其个人能力。

3. 通过学习有关的安全知识，使学生树立自护、自救观念，形成自

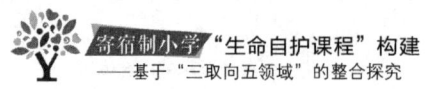

护、自救的意识，使学生安全、健康地成长。

◈ **教学重难点**

1. 教学重点：从自身的爱护迁移到保护外界的自救。

2. 教学难点：考验孩子的反应与个人能力。

◈ **教学课时**

8课时

第三单元　单元主题：身体自护

★ **教学目标**

1. 通过学习有关的安全知识，使学生树立自护、自救观念，形成自护、自救的意识，使学生安全、健康地成长。

2. 使学生懂得安全是健康生活的基本保证，了解我们生活中哪些行为是可能产生危险的行为。

3. 使学生树立自我保护意识，懂得一些常见事故的预防和解决方法。

★ **教学重难点**

1. 使学生知道怎样做才能避免危险和在遇到危险时怎样自我保护、自我解救。

2. 懂得一些常见事故的预防和解决方法。

★ **教学课时**

4课时

★ **例案**

活动准备情况（简讯）

年级组三位中队辅导员商议，确定本单元课程安排及各自分工。

1. 分工合作完成第二单元"身体自护"的教案设计。

2. 完成教案设计后，三位辅导员再共同商讨确定教案，并由其中一位辅导员负责所需视频的搜集制作工作。

3. 联系美术教师制作爱牙宣传画。

《爱护牙齿》教案设计

1. 活动目标

（1）使学生懂得保护牙齿的重要性。

（2）使学生懂得饭后漱口、早晚刷牙能保护牙齿，初步掌握正确的刷牙方法。

（3）通过活动，使学生养成良好的卫生习惯。

2. 教学重难点

（1）教学重点：知道保护牙齿的重要性，学习刷牙的方法。

（2）教学难点：掌握正确的刷牙方法。

3. 教学安排

2课时

★"我爱我牙"课时实施方案

表7-7　中队生命自护活动课程"三报两评三行"活动课时方案

学期主题	自护习惯	单元主题	身体自护
课时名称	我爱我牙		
备课组（年级）	一年级	备课时间	11月8日
实施时间	11月18日	实施地点	各中队教室
协作学科及内容	美术：制作爱牙宣传画 音乐：教唱歌曲《刷牙歌》		
课时目标（取向：身体、心理、劳动、信念、创新；要点：以队员为主)	1. 身体和生命：了解牙齿的重要性 2. 心理和行为：掌握正确的刷牙方式 3. 信念启蒙和塑造：养成良好的卫生习惯		

续表

学期主题	自护习惯	单元主题	身体自护
实施过程（三报——前两报：小队长向中队长报告人数及活动准备情况，中队长向中队辅导员报告活动人数及活动准备完毕；后一报：中队长向中队辅导员报告活动完成）	前置板块（遵循队员自主原则进行课前准备）： 1. 收集牙齿的相关信息。 2. 讲述换牙的故事。 3. 认识牙齿的结构和功能。 4. 请音乐教师教唱《刷牙歌》。 实施板块： 身体和生命：导入 — 讲述换牙的故事 — 讨论 — 认识牙齿的构造 心理和行为：学刷牙歌 — 观察牙齿 信念启蒙和塑造：记录爱牙行动 — 制作爱牙宣传画 — 总结 一报：小队长向中队长报告 第三行：中队辅导员引导 第一评：辅导员评价整个活动，完成第三报 第一行：队员展示		
（两评——队员在活动中对某一环节进行评价；中队辅导员向队员评价整个活动情况） （三行——队员分享与展示行为；小组的协作组织行为；中队辅导员引导行为）	1. 中队活动仪式：三报（略） 2. 两评 （1）队员评：换牙的故事——请有换牙体验的学生向大家介绍牙齿脱落及长出新牙的经过。学生以自身经验和已有知识开展讨论。 （2）中队辅导员评：活动结束，辅导员总结——爱护牙齿很重要。希望大家都爱护自己的牙齿，露出迷人的微笑吧！ 3. 三行 （1）小朋友的牙齿为什么会掉下来？请有换牙体验的学生向大家介绍牙齿脱落及长出新牙的经过。 （2）小组的协作组织行为：在换牙的时候要注意什么？学生以自身经验和已有知识开展讨论。 （3）中队辅导员引导行为： ①活动前引导队员收集关于"牙齿的构造"的相关资料。 ②请一位同学分享换牙的经历。 4. 活动流程 （1）中队活动仪式的前两报，活动引入。 （2）谈话：①小朋友的牙齿为什么会掉下来？请有换牙体验的学生向大家介绍牙齿脱落及长出新牙的经过。②在换牙的时候要注意什么？学生以自身经验和已有知识开展讨论。 （3）讲述换牙的故事。		

第七章 少先队生命自护课程的内容体系

续表

学期主题	自护习惯	单元主题	身体自护

		(4) 故事后讨论：牙齿活动了怎么办？认识牙齿的构造。 (5) 跟唱《刷牙歌》。 (6) 制作爱牙记录表。 (7) 中队长向中队辅导员报告活动完成，退旗，活动结束。	
实施效果（评价）	维度	为检验课程效果，请客观评价（在分数上画√）	
		自评	听课教师评
	目标达成度	5分：完全达成 4分：大部分达成√ 3分：基本达成 2分：小部分达成 1分：不确定	5分：完全达成√ 4分：大部分达成 3分：基本达成 2分：小部分达成 1分：不确定
实施效果（评价）	维度	为检验课程效果，请客观评价（在分数上画√）	
		自评	听课教师评
	学生参与度	5分：完全达成√ 4分：大部分达成 3分：基本达成 2分：小部分达成 1分：不确定	5分：完全达成√ 4分：大部分达成 3分：基本达成 2分：小部分达成 1分：不确定
	环节流畅度	5分：完全达成 4分：大部分达成√ 3分：基本达成 2分：小部分达成 1分：不确定	5分：完全达成 4分：大部分达成√ 3分：基本达成 2分：小部分达成 1分：不确定
教师反思（基于效果）	亮点： 1. 中队员们都明白爱护牙齿的道理，但是在行动上却不是那么主动。所以，在设计活动时，我们始终抱着趣味性和教育性相结合的原则。动画是学生最感兴趣的一种形式，所以，我们借助多媒体设计了课件，在活动中起到了很大的作用，学生很感兴趣。 2. 通过学习，中队员们认识了牙齿的重要性，懂得了保护牙齿。 3. 中队员们学习到了正确的刷牙方式。 不足：最后一个环节，记录的难度偏大，中队员们因为无法看到自己的上牙，所以无法准确统计自己的牙齿总数。在今后的活动设计中应更多地以实际经验为参考，不能纸上谈兵而致无法实施。		

续表

学期主题	自护习惯	单元主题	身体自护
学生活动反思	学生很感兴趣,懂得了牙齿的重要性以及如何正确刷牙,从而养成良好的卫生习惯。		
家长反馈			

课堂实录

1. 中队活动开始议程。

2. 中队长讲话:看看自己的牙齿有什么不一样。小朋友的牙齿为什么会掉下来?请有换牙体验的同学向大家介绍牙齿脱落及长出新牙的经过。在换牙的时候要注意什么?

学生以自身经验和已有知识开展讨论。

队员评价:在换牙时不能吃糖果;要正确刷牙,保持牙齿的清洁卫生。

认识牙齿的构造并讨论。

3. 观看视频,学习如何正确刷牙。

欣赏歌曲,中队辅导员在歌曲的基础上,按刷牙顺序加入动作,激发学生的学习兴趣。

学生跟唱歌曲。

在熟悉歌曲的基础上,中队员跟着歌曲表演刷牙。

活动延伸:请家长让学生选择自己喜欢的牙刷、牙膏,引起学生对刷牙的兴趣,培养学生早晚刷牙及饭后漱口的良好卫生习惯。

4. 中队辅导员总结:此次中队活动非常成功。希望中队员们能爱护自己的牙齿,正确刷牙,养成良好的卫生习惯。

5. 课后与美术教师合作,制作爱牙宣传报。

第四单元　单元主题：环境自护

★ 教学目标

1. 知道在家里、学校、户外有哪些安全隐患，懂得安全是健康生活的基本保证，树立自我保护意识，了解自我保护的常识。

2. 通过观看图片、表演及相关录像，树立安全自护意识；以表演观看、评议体验，学会如何安全自护；通过画身体不能被人触摸的部位的实践活动，增强自我保护的意识。

3. 时时刻刻建立起安全防范的意识，树立自我保护意识。

★ 教学重点

1. 了解生活中存在的安全隐患，树立自我保护意识。

2. 了解自我保护的常识。

★ 例案：交通安全记心中

1. 活动目的

（1）通过本次主题班会，引导学生学习一些交通安全知识、掌握一些交通法律法规，增强学生的交通安全意识，培养学生的自我保护能力，并逐步形成自觉遵守交通规则的良好的行为习惯。

（2）培养学生的语言表达能力，调动学生参加集体活动的积极性，锻炼其胆量及学会协作精神。

（3）锻炼部分班委组织活动的能力，加强班级向心力。

2. 准备工作

辅导员：制作课件；收集有关交通标志及交通安全的影音视频。

队员：让同学们收集交通标志及交通安全法规。

3. 活动过程

（1）队会程序

①小组汇报人数。

②中队长向中队辅导员汇报人数。

③出旗。

④全体唱队歌，敬礼。

⑤中队长讲话，宣布活动开始。

(2)队会过程

①展开联想,揭示主题

主持人1:同学们,"安全"是我们经常听到的一个词语,安全话题也是我们经常议论的一个话题,因为安全是我们生命的保证,和我们的幸福生活息息相关。尤其是对学生来讲,如何保障自己的人身安全显得尤为重要。

主持人2:今天,就让我们在"珍爱生命,交通安全记心中"的主题班会中一起来学习交通安全知识,一起来重视交通安全,一起来珍爱生命吧。

②如何正确过马路

主持人1:队员们,今天我们的班队活动分为以下四个板块:如何过马路、交通标志、交通礼仪、交通知识竞猜。

主持人2:首先请大家看第一个板块,你知道如何正确过马路吗?抽两名同学回答。

主持人1:我们过马路时,一定要走人行道,看红绿灯。请跟我一起读一读这句口诀:红灯停,绿灯行,黄灯等。

③认识交通标志

主持人2:你们真的很棒,让我们继续往下看。活动前已经请各小队收集了交通标志的知识,接下来请各小队的代表上台交流展示,大家掌声有请。(各小队依次展示)

主持人1:感谢大家的分享,认识交通标志真是必不可少,为每位队员的认真点赞!

④交通礼仪

主持人2:队员们,你们知道吗?在道路上我们不仅要遵守交通规则,每个文明的小市民还应当遵守交通礼仪。

主持人1:什么是交通礼仪呢?请看大屏幕。不能穿越、攀爬道路隔离带。

主持人2:不在人行道、机动车道上骑车。翻越栅栏危害大。

主持人1:你们还知道哪些不文明的交通行为呢?抽四名同学回答。

主持人2:养成文明习惯从你我做起,请把鼓励的掌声送给自己吧。

(棒棒，我真棒！)

⑤交通知识竞猜

主持人1：亲爱的队员们，学校有学校的规定，班级有班级的规定，那么交通也有交通法规，否则我们的社会秩序就会十分混乱。

主持人2：课前请大家收集了相关知识，相信我们已经对交通安全知识有了一些了解。下面，我们就来进行交通安全知识竞赛，你们能接受挑战吗？（回答：能）

主持人1：我们以小队为单位进行比赛，每小队分别有三次答题的机会，答对一题得一颗星，错误不计星。

主持人2：比比哪一队答得最好，课件出示，请各小队做好准备。

主持人2：每个小队表现都非常棒，不分上下。

主持人1：看来队员们对交通法规都已经很熟悉了，为大家点赞。

主持人1：遵守交通安全多么重要呀！我们不仅应该知道，而且最重要的是去遵守。

主持人2：队员们，让我们一起做一位文明的小公民吧。

主持人1：最后送给全体队员们一首儿歌，有请音乐老师。

合：愿交通法规扎根在我们每一个人的心中，让安全伴随着我们快乐地成长。

(3) 结束程序

中队长：现在让我们以热烈的掌声请辅导员讲话。

①班主任小结

很高兴，刚才大家的表现都非常棒！通过这次活动，我们知道了交通安全的重要性。老师希望大家珍惜生命，遵纪守法，把交通安全牢记心中，让幸福快乐伴随着我们健康成长。

②呼号

中队长：全体起立，请辅导员老师带领我们呼号！

辅导员：准备着为共产主义事业而奋斗。

队员：时刻准备着！（举起右拳，面向队旗）

③退旗

中队长：退旗（停顿），敬礼。（播放退旗曲。全体队员静立、敬队

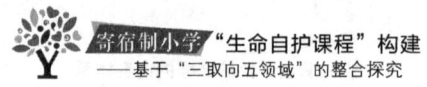

礼，目送中队旗退出会场）

④中队长宣布少先队活动课结束。

（三）学期主题：突发事件

突发事件是指突然发生，造成或者可能造成严重社会危害，需要采取应急处置措施予以应对的自然灾害、事故灾难、公共卫生事件和社会安全事件。

◎ **教学目标**

1. 了解曾经发生在我国的重大灾害，认识大自然有不可抗拒的一面。

2. 明确生活中不可避免的一些突发事件。

3. 掌握在自然灾害面前自护自救与互助的方法。

4. 能够正确面对突发事件，在解决问题的过程中清楚地表达自己的观点。

5. 体会人们在危难中团结互助精神的可贵，养成团结合作的品质。

◎ **教学重难点**

1. 教学重点：了解自然灾害的危害，明确生活中不可避免的一些突发事件。

2. 教学难点：掌握在自然灾害面前自护自救、互助的方法；能够正确面对突发事件，在解决问题的过程中清楚地表达自己的观点。

◎ **教学课时**

8课时

第五单元　单元主题：自然灾害

★ **教学目标**

1. 理解自然灾害是人类依赖的自然界中所发生的异常现象。

2. 对各种常见灾害发生的原因、后果、防灾措施、应急处理方法等进行讲解和示范。

3. 理解如何将自然灾害事故损失程度降低到最小。

★ 教学重难点

1. 如何在自然灾害中减少对自己的伤害。
2. 理解人类与大自然的相互依存的关系。

★ 教学课时

4课时

第六单元　单元主题：校园安全

★ 教学目标

1. 保证学生的在校安全，做到防范在先、警惕在前。
2. 树立高度的安全意识，人人讲安全，时时讲安全，事事讲安全。
3. 筑起思想、行为和生命的安全长城。

★ 教学重难点

1. 把安全落到实处，让孩子时时讲安全，事事讲安全。
2. 在思想上落实孩子的行为。

★ 教学课时

4课时

（四）学期主题：认可集体

集体是一种组织形式团体，拥有一定的活动范围，以及共同的经济基础、思想基础、政治目的和社会利益。集体可以分为社会性质团体和国家机构性质的团体。社会性质团体如班级、队伍、民族。国家机构性质的团体是一种所有制形式，比如工厂集体、教育机构、医院、银行、县政府、部队等。在这种组织形式中，其组织成员的结合对群体和个人都有意义，拥有共同价值、共同活动目的和任务。班集体是按照班级授课制的培养目标和教育规范组织起来的，以共同学习活动和直接性人际交往为特征的社会心理共同体。

◎ **教学目标**

1. 情感态度和价值观目标：增强集体观念，激发集体荣誉感；培养主人翁意识，感受承担责任、为集体付出的快乐。

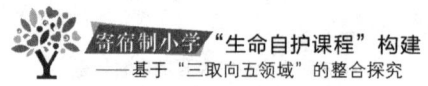

2. 形成团队合作能力；培养承担责任的能力。

3. 懂得美好集体的建设和维护离不开每个人的努力，知道可以在哪些方面如何为集体建设贡献力量，理解自己在承担责任中要付出，也会获得成长。

◇ 教学重难点

1. 理解"认可"的内涵及现实意义。

2. 主动在集体、家庭中承担责任，享受快乐。

◇ 教学课时

8 课时

第七单元　单元主题：悦纳自己

★ 教学目标

1. 通过学习，树立积极的自我概念，正确认识和评价自己，客观看待别人对自己的评价。

2. 学会认识自我的途径与方法，客观地认识、评价自己的优缺点，形成比较清晰的自我整体形象。

3. 了解自我评价以及自我意识对个人成长的重要性。

★ 教学重难点

1. 正确认识自己，客观看待别人的评价。

2. 理解自我评价对个人成长的重要性。

★ 教学课时

4 课时

第八单元　单元主题：关爱他人

★ 教学目标

1. 知道关爱他人是维系友好关系的桥梁，懂得关爱他人要讲究艺术。

2. 能够心怀善意、尽己所能关爱他人，注意讲究策略。

3. 学会关爱他人是一种道德素养，能反映出积极的人生态度。

4. 学会在学习、生活中以自己的行动关爱他人，学会将关爱向自己的周围传递,学会保护自己。

★ 教学重难点

1. 关爱他人的作用。

2. 关爱他人的艺术。

★ 教学课时

4 课时

二、少先队中段生命自护课程组织单元

(一)模块一:少先队员自我意识的培养

课时一:我是独特的

◇ 活动目标

1. 能够多角度地认识自己的特点和品质,客观地认识、评价自己。

2. 学会认识自我的途径和方法,形成比较清晰的自我整体印象。

3. 树立积极的自我意识,能比较准确地自我评价,也能正确地对待他人评价。

◇ 活动过程

前置准备活动:PPT;孩子们用简单的几句话描述自己的外貌或性格特征并写在小纸条上;装小纸条的盒子;素质报告书《我的成长脚印》;孩子们的照片等。

活动导入:游戏活动——猜猜他是谁。请一位同学从盒子里抽出一张小纸条,并读出上面的句子,让大家猜一猜他(她)是谁?说明理由。

辅导员引导学生思考:刚才每个孩子的特点相同吗?每个人擅长做的事和擅长的程度都是不一样的。刚才的游戏进行得非常顺利。参与这个游戏,你们有什么收获或者感受?你们觉得世界上有一模一样的人吗?双胞胎不是一样的吗?是的,你们说得都很好。正因为我们自己身上有外貌、性格、爱好、特长等这么多与别人不一样的特征,才塑造了一个个特点鲜

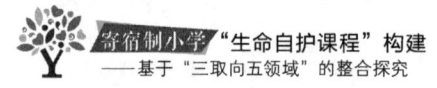

明、与众不同的我。

学会欣赏自我，期待自我：发现优点是一个自我肯定的过程，能充分肯定自己的优势和长处真是一件愉快的事情。那大家有没有对自己有不满意的地方呢？不满意的地方其实就是我们存在的不足和缺点。是不是我们每个人有了这些缺点就是不好呢？

PPT播放邓亚萍的故事，介绍她如何克服自己身材矮小的特点，勤学苦练，最终练成"快""怪""狠"为特点的球技。

听了邓亚萍的故事，你们有什么启发？

PPT出示残月、残荷、残叶、残垣、断桥等事物。

看到这些图片中的事物，你们有什么发现？有什么想说的？

辅导员总结：世界上没有十全十美的人。你有缺点，我有缺点，他也有缺点，正因为有了这些不足，我们每个人才能成为独一无二、独特的自己。大家既要学会欣赏自己，也要学会接纳自己。

课时二：相信自己我能行

◇ 活动目标

1. 以活动体验型的德育模式促进少先队员的自我建构。
2. 引导少先队员正确评价自己，找到自己的价值。
3. 学会正确评价同学。

◇ 活动过程

1. 我行我秀：帮助少先队员正确认识自己的长处及优点，树立信心。

（1）通过举行"我行我秀"节目，为学生提供舞台。学生大胆展现各自的特长，亮出自己的风采，挖掘自身的优势，从而增强自信心。

（2）表演学生进行思考，自我评分并列出自己最自信的3点理由！

（3）教师点拨，引出主题。每个人身上都有自己的优势，要相信自己能行。

2. 小组活动："寻亮点，攒自信"，帮他人找闪光点。

（1）将学生分成6人一组，背向围成一圈。在便条纸上写出组员最让你欣赏的优点。

（2）偷偷放一颗糖在对方口袋，表达自己对对方闪光点的欣赏。

（3）将别人的优点与自己的五大优点做对比，分享心得体会。

（4）教师点拨：更好地定位自己，增强自信，欣赏和学习他人身上的闪光点。

3. 剪纸活动，体验成功喜悦，树立"我能行"的信念。

在认知上"相信自己，我能行"后，在几分钟内学会剪纸，让大家从"没信心—不会"到"我相信—我会"，获得成功的体验，从而确信"相信自己，能行"！

4. 观看关于自信创造奇迹的视频，运用榜样的力量帮助少先队员树立自信。

（1）播放尼克·胡哲的视频，从正能量的榜样中，激励学生。在挫折困难中，我们更加要相信自己，我能行！

（2）少先队员反思，分享心得体会。思想碰撞激励后，让学生认识到身心健全的自己，只要自信努力，没有什么不能做到。

5. 展望未来，给自己助威。

本环节是主题的总结升华部分，写出自己的远期目标、中期目标、短期目标以及今天的目标，让学生认识到"相信自己，我能行"的信念要与未来的生活工作联系起来，武装放大梦想，从而付诸行动。

中队辅导员总结活动开展情况，提出希望。队员们总结收获，并将其运用到学习生活中。

（二）模块二：社会交往

课时一：当冲突发生时（换位思考）

◎ 活动目标

1. 了解什么叫换位思考，以及换位思考在五种年龄段中的表现。
2. 培养理解他人的想法与感受的能力。
3. 找出自己现在所处年龄段应该具备的换位思考的能力。

◇ **活动过程**

1. 热身活动

（1）让学生伴随音乐，根据号码找座位，并和旁边的同学打招呼。

（2）了解各年龄段的心理特征：自我中心观点（3~6岁）；社会信息观点采择（7~8岁）；自我反思观点采择（8~10岁）；相互观点采择（10~12岁）；社会和习俗系统的观点采择（12岁以后）。

2. 团队交换活动

（1）小组内决出优胜，并选派冠军与其他组进行PK。

（2）讨论比赛结果，教师采访未参与比赛的学生：你对小组取得的成绩满意吗？如果满分是100分，你给同伴在比赛中的表现打多少分？你为什么给这个分数呢？说一说理由。

（3）小组讨论奖品分配原则，并说明理由。

（4）中队辅导员总结活动：老师对大家的表现感到很欣慰。你们能做到心中有他人，能站在他人的角度考虑问题，这是换位思考。如果在生活中，同学之间因为不会换位思考而产生冲突，作为心理委员，我们该如何帮助他们呢？

3. 团队工作阶段

（1）观看视频，讨论故事中发生矛盾的原因。辅导员通过提问，引导队员思考与总结。"认真倾听"也是一个小妙招。我们一起来梳理妙招吧！第一步，倾听，安抚情绪；第二步，点头、竖拇指，认可正确的想法或做法；第三步，假如我是他（她），引导换位思考；第四步，沟通交流，找到解决问题的方法。

（2）情景模拟，运用辅导方法。PPT呈现案例（音频展示），小组讨论。学生代表现场模拟解决问题，其他成员观察。师生共同评价建议，找出优点，指出不足。被辅导的学生分享感受。运用刚才学习的解决步骤"矛盾发生—心理健康教师示范疏导—换位思考方法梳理—真实情境应对"的顺序解决实际矛盾，提升学生解决问题的能力。

4. 活动结束

辅导员总结，同学们交流心得、总结收获。

课时二：言必行，行必果

◇ **教学目标**

1. 了解诚信的重要性，立志做一个诚实守信的人。
2. 培养学生诚实守信的好习惯。

◇ **活动过程**

1. 导入环节

（1）观看多媒体视频《狼来了》。主持人配合画面讲故事。

（2）同学们谈一谈心得体会，引入诚信话题。

2. 展示环节

主持人：今天，我们将成立"诚信银行"，并为大家建立"诚信账户"。我们今天的表现都将以"诚信元"的方式存入账户。最后，根据大家的账户金额推选出我们身边的"诚信大富翁"。

（1）校园话剧表演：《迟到》。

同学发表自己的观点并总结。

自评储蓄：守时也是诚信的表现之一。

（2）小品表演：当我在路上捡到……

引经据典，分析总结。

自评储蓄：勿以善小而不为，勿以恶小而为之。

（3）现场采访：校园随手扔现象。

多媒体图片展示现象。

自评储蓄：校园环境靠大家。

（4）观看故事视频："曾子杀猪"和"城门立柱"的故事。

思考：为什么曾子要杀猪？他想表达什么观点？为什么要发布搬根柱子就给五十赏金的告示，想通过这个行为表达什么？

自评储蓄。

3. 成果展示

（1）小组讨论收获与心得。

（2）在诚信活动中大家收获颇丰，都有自己的观点。请展示自己的关于诚信的小报作品并送给自己的好朋友。讲一讲自己知道的诚信故事，或发生在身边的诚信故事。

（3）集体呼号：言必行，行必果。诚实守信从我做起。

（三）模块三：健康习惯

课时一：学习好习惯

◎ **活动目标**

1. 认知目标：了解学习习惯对学习效果的不同影响，并对自己的学习习惯进行自我分析。

2. 能力目标：掌握改进不良学习行为的方向，养成良好的学习习惯。

3. 情感目标：在学习中体会到快乐

◎ **活动准备**

准备"学习习惯小检测，每位学生完成一份。

◎ **班会过程**

1. 谜语导入：猜一个谜语，谜底是"习惯"。引入本次活动的主题"学习习惯的培养"。

2. 完成学习习惯小检测一份，根据结果进行评估：5分以下需要引起注意，及时改正；5~10得引起重视，赶快制订计划帮助自己改正不良习惯；10分以上，问题严重，请同学、教师帮助改正错误。

3. 诊断学习：反思平常上课大家有哪些不良学习习惯？有哪些良好的听课习惯值得我们学习？

4. 教师与学生分析讨论：不良听课习惯有哪些？理想的听课习惯有哪些？（眼到、口到、心到、手到）

5. 大家谈：

（1）哪些良好的学习习惯对我们的学习有利？制订学习计划并严格执行；做好预习；做好课前准备；勤于动脑，积极举手发言；做好课堂笔记；勤查工具书，不懂就问；专心致志地学习；适应教师的教学习惯；及时订正错误；整理错题集；每天必须完成记忆任务；及时复习总结。

（2）怎样培养良好的学习习惯？说到做到，坚定不移；控制时刻，约束自己；偶有偏离，及时交流；持之以恒，惯性运动。

（3）与家长一起制订一份学习计划表。

6. 辅导员总结：学习习惯的培养很重要，21 天养成一个好习惯，希望大家根据自己的学习情况，为自己定下一个目标，并用行动落实达成。

课时二：生活好习惯

◇ **活动目标**

1. 树立健康生活理念。

2. 了解哪些生活习惯是健康的，哪些生活习惯是不健康的。

3. 反思自己的哪些生活习惯是不健康的，怎样改正这些不健康的生活习惯。

◇ **活动过程**

1. 引入环节

（1）展示小学生健康状况调查表。从饮食、运动和睡眠三个方面展示小学生的普遍生活状况。

（2）你有什么想法？良好的生活习惯是我们身体健康的保障。我们将从饮食、运动、睡眠和情绪几个方面进行讨论。

2. 展示讨论环节

同学们展示前置课程中分别搜集查找的关于健康生活习惯的资料。

（1）**饮食健康好习惯**

多吃瓜果蔬菜，多喝牛奶、白开水等健康饮品。

少吃油炸、高盐、高脂食物。不挑食，均衡营养。

（2）**运动健康好习惯**

每天坚持适量运动，令心跳加速、呼吸加重、流汗为宜。

至少消耗 150 卡路里。保持身材健美。

（3）**了解肥胖的害处**

加重各身体器官工作负担，诱发心脑血管疾病，缩短寿命。

(4) 睡眠好习惯

每日保证7~8小时的充足睡眠才不会疲倦。固定作息时间，保证充足睡眠时间，可以松弛肌肉，促进新陈代谢，使精神饱满、思维敏捷，提高学习效率。

(5) 情绪健康好习惯

①了解情绪病常见病征：抗拒出席或参与社交活动，烦躁不安，忧虑，惊慌，害怕，困扰，学习效率下降，注意力难以集中。

②情绪病的误解：纯粹压力所致，性格懦弱所引，只因为凡事钻牛角尖，智商低，神经错乱，头脑不清，长期病症无法根治。有暴力倾向的精神病。

③情绪病成因：外在因素——生活压力诱因，学习成绩下降，不满现状。内在因素——不愉快的经历，身体疾病，性格原因，过分焦虑与烦躁。

④情绪病的治疗方法：

认知治疗——增加应变能力——更能轻松处理生活压力、家庭纠纷以及与朋友的纠纷。

药物治疗——增加脑部血清素传输——脑功能恢复正常——改善睡眠，增加集中能力，减少疲倦。

3. 反思总结

怎样做个轻松快乐的人？

多微笑，多做深呼吸；改善人际关系；自我表达内心的真实感受；培养个人兴趣爱好；听音乐舒缓心情；承担应当的责任；改善认知方法。

(四) 模块四：智慧生活

课时一：合理消费

◎ 活动目标

1. 帮助队员走出消费误区，避免因为虚荣、攀比而盲目消费。
2. 确立节俭消费观和绿色消费观。
3. 提高学生合理消费的能力。

4. 初步树立理财的意识，培养学生的财商。

5. 树立正确的积极向上的价值观。

◇ 活动过程

1. 想一想，议一议：观看小品，几个同学互相抱怨本月零花钱提前用完了，引入本次活动主题。请大家思考：你是否曾经或者正在遭遇这些问题呢？谈谈你的经历和感受。

2. 出谋划策，实践演练：举出两个没有理性消费的案例，请大家帮忙分析一下问题出在哪里，该怎样解决？

3. 小小故事会：看看这些人怎样理性消费，他们有怎样的价值观。带着这些问题听故事。故事一：石油大王洛克菲勒家族的孩子的零花钱有多少。故事二：船王包玉刚对家人消费的要求。故事三：比尔·盖茨节约消费的故事。故事四：英国首相夫人谢丽的故事。

4. 反思：听了这些故事，你想到了什么？希望大家联系自己的消费情况思考如何更加理性地消费，做一个节俭的孩子。

5. 动动手：制订自己的消费计划，做一个理性的消费者。

课时二：善用信息资源

◇ 活动目标

1. 了解信息资源的发展过程，以及对人类生活造成的影响。
2. 了解网络资源使用的利弊。
3. 有效利用网络资源服务于自己的学习与生活。

◇ 活动过程

1. 指尖上的生活，聊一聊大家在网上做什么。

2. 上网调查解密：展示关于学生上网时间和上网目的的研究报告。

3. 信息时代存在的弊端，对生活的不利影响：信息资源丰富，对青少年的人生观、价值观和世界观构成潜在威胁；过度使用互联网使青少年沉迷于虚拟世界，脱离现实世界，甚至造成学业荒废；互联网中的不良信息和网络犯罪对青少年的身心健康和安全构成危害和威胁。

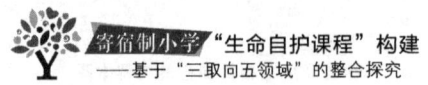

4. 信息技术对我们生活的积极影响，带给我们的便利：可以开阔大家的视野，获得丰富的信息资源；可以对外交流；促进青少年个性化发展；可以向网友倾诉，消除心理障碍。

5. 小组讨论总结网络时代的利弊。

益处：

（1）网络游戏可以放松心情、释放压力、提高反应能力。

（2）在网络游戏中，我们可以开阔视野，随心所欲，不受任何控制。

（3）上网玩游戏，让双手变得敏捷，提高打字水平和电脑知识的应用水平。

（4）可以结识更多的朋友，增强社交能力。

（5）有些网络游戏可以增添学习乐趣。

（6）网络对我们的工作、学习有很大的帮助，像查资料、网上购物，等等。

弊端：

（1）影响视力，白天上课没有精神，学习下降。

（2）让我们过分沉迷于网络难以自拔，对学习失去兴趣。

（3）电脑的辐射会影响健康。

（4）玩游戏可能会让我们染上恶习。

（5）玩游戏会导致脾气暴躁。

（五）模块五：快乐学习

课时一：做学习的主人

◇ 活动目标

1. 总结自己学习品质和思维品质中的优势和弱势。
2. 思考形成这些优势和弱势的原因。
3. 通过活动，帮助队员找到快乐学习的方法。

◇ 前置课程

1. 完成问卷调查表：我学习品质、思维品质中的优势及弱势和形成原因（主观原因，客观原因）。

2. 针对自己的优势与弱势寻找有针对性的解决办法。

◇ **活动过程**

1. 观看视频，说一说视频中的男孩在学习过程中遇到了哪些困难，他是怎样解决的。

2. 拿出自己的文件调查表，在小组内分享自己的优势和弱势，及其成因。

3. 每组选出一名代表在全班分享交流自己组员的学习情况。

辅导员总结：我们学习中的弱势都是由自己的客观原因或主观原因造成的，好的学习方法可以弥补我们思维品质和学习品质中的不足之处。

活动中，辅导员将大家的交流进行梳理与总结，如表7-8所示。

表7-8 学生学习中的弱势原因分析

弱势	成因	解决办法
数学计算正确率低	不熟悉计算规律 对数字不敏感，没有建立数感	熟悉数学计算法则及规律 坚持每天进行听算训练
语文阅读理解抓不住重点	阅读量不够，语感不好 阅读的书籍以故事书为主，类型太单一 阅读时没有进行思考，仅关注故事情节	增加日常阅读时间，检查每日阅读 多阅读不同类型的书籍 学而不思则罔，思而不学则殆 读完文章后一定要进行反思
英语记不住单词的读音和写法	没能将字母及发音相关联，读写就会很困难 花在英语学习上的时间太少 存在畏难情绪，逃避自己觉得困难的学科	复习巩固语音知识，将字母及字母组合的发音反复识记 在遇到生词时有意识地运用学过的语言拼读单词 加大英文绘本的阅读量
朗读时发音不清晰，吐词含混不清	由于自己的生理原因：有绊舌的情况 从小说话、读书时养成的不好习惯	有意识地改变说话朗读的习惯，尽量做到字正腔圆 参加专门的培训班，如播音主持训练，通过说绕口令等纠正错误发音习惯 每天练习大声、清晰地朗读

活动总结与反思：队员们根据活动的参与度进行活动评价（自评与互评）。

中队辅导员评价整个活动情况。

中队长向中队辅导员报告活动完成，活动结束。

课时二：学习讲方法

◇ **活动目标**

1. 通过活动，队员认识自己的学习风格。

2. 队员了解一些高效的学习方法，设计出适合自己的学习方法。

3. 通过学习方法的探究，队员增强学习的积极性。

前置课程

1. 队员提前总结反思自己的学习心得，并准备小组内分享的演讲稿。

2. 队员们从网络、书籍或以往的学习体验中搜集、总结一些高效的学习方法。

◇ **活动过程**

1. 活动导入

（1）队员欣赏名言"授人以鱼，不如授人以渔"，谈谈各自的理解。辅导员举出一些生活中常见的例子，引出本次活动的主题——学习讲方法。

（2）讲故事《邯郸学步》，思考：对这个故事有何感想？

辅导员：我们不能照搬别人的学习方法，而应该根据自己的性格特点、思维特点去探索适合自己的学习方法。

2. 你说我说

队员谈谈在学习中的心得。

3. 学习风格自测

请你根据目前的实际情况，认真回答以下问题。（在括号内填入分数1—5，即1＝不曾如此，2＝有时如此，3＝偶尔如此，4＝通常如此，5＝总是如此）

（1）我发现写字有助于记忆。（　　）

（2）听老师讲课会比单纯阅读课本记得内容更多。（　　）

（3）我喜欢要求考试的课。（　　）

（4）我喜欢在研读时吃零食或口香糖。（　　）

（5）当我专心听讲时，我不必做笔记就可以记得重点。（　　）

（6）我喜欢书面说明，不喜欢口头说明。（　　）

（7）我擅长拼图玩具与迷宫游戏。（　　）

（8）我喜欢老师要求随堂考的课。（　　）

（9）我发现幻灯片与电影有助于对课堂的了解。（　　）

（10）我通常需要写下电话号码才能记得起来。（　　）

（11）我比较喜欢听新闻，不喜欢看报纸。（　　）

（12）阅读一本书比听老师讲述使我记得更多的重点。（　　）

（13）我喜欢课本附有图表及图片，因为它们有助于我对教材的了解。（　　）

（14）我喜欢在听新闻或广播时，手边有一支笔。（　　）

（15）我喜欢老师口头说明，不喜欢题卷上或黑板上的书写说明。（　　）

视觉区：(3)、(6)、(9)、(12)、(13) 得分＝（　　）

听觉区：(2)、(5)、(8)、(11)、(15) 得分＝（　　）

触觉区：(1)、(4)、(7)、(10)、(14) 得分＝（　　）

在某一区合计的分数最高，代表你的学习风格最偏向哪一类型；若在两个或两个以上区域分数相同，表明你的学习风格是混合型的。针对不同类型，可以使用不同的学习方法来提高自己的学习效率。

第一行：完成学习风格自测，相同学习风格的队员组队，一起讨论探究对应的学习方法。

第二行：将学习秘方以文字的形式呈现，每队队员自定形式进行分享与展示（可以小队推荐代表汇报，也可以全组一起分工汇报）。

第三行：中队辅导员相机进行引导性评价。

4. 辅导员支招

（1）视觉性学习心法：凡眼力所及之处，都可能帮助吸收学习内容，

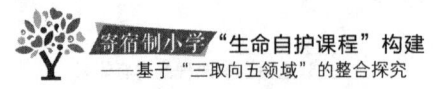

或因而造成分心,故多利用环境中的有效视觉信息是重要原则。

学习秘方:

①读书前整理书桌,保持整洁,只留必要用具以免分心。

②可利用各种不同颜色笔或标记画重点。

③将听到的文字尽快转化成文字或图表。

④勤动手整理笔记。

(2)听觉型学习心法:声音对这种人具有特别的吸引力,可能因此学习轻松,也可能造成学习的障碍,因而制造有利的声音环境是重要原则。

学习秘方:

①背书时大声朗诵,事半功倍。

②书房保持安静很重要,若周围环境嘈杂时,可用一些无主题的轻音乐隔离噪音。

③上课专心听讲。

(3)触觉型学习心法:凡是环境中的气氛都会影响到敏锐的触觉神经,保持平和稳定、流畅舒适的空间,多亲自体验是重要原则。

学习秘方:

①利用各种感官如嗅觉、味觉、触觉去认识新事物。

②保持读书环境空气流通、光线充足。

③保持心情愉快很重要。

④动手做实验效果奇佳。

5. 拓展延伸:学习方法宝典

(1)学习应有目的、有计划地进行,防止随意性和盲目性。

(2)合理安排学习时间,以免造成学习上的忙乱。

(3)课堂上应认真听讲,做好笔记;课后及时复习,讲究复习的方法。

(4)培养良好的自学能力,养成独立思考的习惯,训练自己的思维能力。

活动总结与反思:队员们根据活动的参与度进行活动评价(自评与互评)。

中队辅导员评价整个活动情况。

中队长向中队辅导员报告活动完成，活动结束。

（六）模块六：乐观生活

课时一：说说心里话

◇ 活动目标

1. 培养真诚交流、坦诚待人的品质。
2. 增强班级荣誉感和凝聚力。
3. 学会自我表达，说出自己的真实感受。
4. 学会和谐相处，理智解决矛盾与纠纷。

◇ 活动过程

1. 故事引入

（1）智者问徒弟：怎样才能让一滴水永不干涸？徒弟说：将它置于我的掌心。智者曰：非也，将其投入大海，它才不会干涸。

（2）启示：班级就是浩瀚的大海，同学们就是水滴。只有水滴团结友爱、和谐相处，这颗水滴才会永不干涸。

2. 活动开展过程

（1）报纸叠罗汉游戏

游戏规则介绍：手拉手，肩并肩，不停地折叠报纸。要让3名同学全部站在报纸上，脚不能沾地。

启示：在团队里，每个队员都同等重要。集体是我们的大家庭，要像对待家人一样对待同学，团结互助。

（2）观看小品表演：一句话的事

反思：他俩为什么因为一句话的事打起来了？

（3）案例分析：解决问题我能行

①同学身体不适，吐在了教室里，其他同学们都捂着鼻子走了。你会怎么做？

②小明上课有题不会做，其他同学都忙着参加课外活动，没人搭理他。你会怎么做？

③教室地上有很多废纸，老师让我捡起来，我觉得不是我扔的，不愿

意捡。这样做对吗？

④动手做一做：在心愿卡上写出你最想对老师、同学说的话、做的事，然后将心愿卡贴到心愿树上，并找时间亲自告诉对方或做出来。

3. 活动结束

辅导员，大队委总结本次活动开展情况，同学们谈感想与收获。通过活动提升了队员们的自我表达能力。学会了和谐真诚待人的秘诀。

课时二：当挫折来临时

◎ 活动目标

1. 了解什么叫挫折，反思自己在学习生活中面临哪些挫折。
2. 学会勇敢面对挫折，树立不怕困难与挫折的决心与信心。
3. 学会面对挫折的方法。

◎ 活动过程

1. 活动引入

（1）挫折普遍存在于我们的生活中，列举实例：考试不理想，和家人争吵，与同学发生矛盾，被老师和同学冤枉。

（2）同学们面对这些挫折时是怎样处理的？这样做正确吗？

2. 活动开展

（1）观看小品《考试成绩公布以后》，谈谈几位同学面对不理想的成绩时各自的表现。谁的处理方式正确，谁的处理方式错误？

（2）听故事，明事理：听老师讲贝多芬、张海迪、海伦·凯勒的故事，了解这些坚强的人勇敢面对挫折后取得的成就。

（3）联系生活实际，总结面对挫折与困难的方式。

①学会宣泄，摆脱压力。主动找人倾诉，争取别人的谅解同情与帮助，减轻挫折感，增强克服挫折的信心。

②学会幽默，自我解嘲。善用阿Q精神，调节平衡心理。

③寻找原因，理清思路。受挫时先冷静下来，并把可能产生的原因寻找出来，再寻求解决的方法。

④再接再厉，锲而不舍。遇到挫折时要勇往直前，目标不变，加倍努

力,成功就会来临。

3. 活动总结与反思

面对挫折要勇敢,抛开忧愁,不放弃努力,就会从挫折中提炼出成功。

(七)模块七:责任意识

课时一:做自己的主人

◇ 活动目标

1. 引导学生抵制不良诱惑,激发学习动力。
2. 帮助学生养成良好的行为习惯,提高自我管理的能力。
3. 培养学生的规则意识。

◇ 活动过程

1. 引入环节

描述现在孩子们对电子产品迷恋的现状,引出本次的主题。

2. 活动过程

(1) 自制力小测试:让队员们以完成问卷的方式,计算自己的自制力值,15分以下的就需要引起重视了。

(2) 日常生活自制力检测。

(3) 自制力小体验:通过两个身体活动感知自制力的作用,请完成得好的孩子谈谈自己是怎样做到的。

(4) 探讨总结:如何提高自制力?

①转移注意法。

②心理暗示法。

③回避刺激法。

④积极补偿法。

⑤反其道而行之。

3. 活动结束

总结主题,测试效果,引导孩子们运用今天所学的方法,学做自己的主人。

课时二：少先队员的权利

◇ 活动目标

1. 深入了解少先队的组织结构及意义。

2. 学习少先队的权利，并行使好自己的权利。

3. 了解少先队员的义务，并在行动中践行自己的义务。

◇ 活动过程

1. 同学们拿出自己搜集的资料，并说出少先队员的权利有哪些。

2. 教师利用PPT展示具体的少先队员权利。尤其强调：每个队员在组织里都有选举权和被选举权，可以对少先队工作及活动提出意见、要求和建议。少先队是少年儿童自己的组织，每个队员都是组织中的一员。

3. 大队委向队员们介绍少先队的义务，因为权利与义务从来都是相辅相成的。每个队员都要遵守队纪，服从组织的决定，积极参加少先队活动，做好少先队交给自己的工作，热心为大家服务。

4. 同学们分小组以举手表决的方式选出每个队的小队长，再以投票的方式选出中队委，并明确各个职务所具备的责任和义务。

总结环节：今天，大家第一次行使自己作为少先队员的权利，选出了自己心仪的班干部。希望大家服从班干部的管理，为我们中队建设出力。

（八）模块八：组织意识

课时一：我身边的榜样

◇ 活动目标

1. 引导学生学习雷锋乐于助人、勤于奉献的精神。

2. 让同学们在活动中发现身边的好人好事和别人的优点。

◇ 活动准备

1. 在全班通告本周生命自护课活动主题。

2. 让学生查阅关于雷锋的书籍和资料，并做好摘抄和读后感。

3. 以《我身边的好人好事》为题要求学生写一篇随笔。

◇ 活动过程

1. 朗读雷锋故事，谈读后感，评雷锋人生。

2. 演雷锋小品，学习雷锋艰苦奋斗的精神。

3. 对号入座，说一说我们的班级中有哪些"活雷锋"，他们为班级做了哪些好事。

4. 谈谈感想，雷锋的哪些优点值得我们学习，以后我将用怎样的行动向雷锋叔叔学习。

总结环节：虽然雷锋已经离我们远去，但雷锋精神永存。只要把我们对班级和同学的爱心付诸行动，我们每个人都可以成为大家心目中的好榜样。

课时二：我们一起来

◇ 活动目标

1. 增进队员之间的感情，提高中队凝聚力。
2. 了解我们的组织结构，明白每位队员都是集体中不可或缺的一员。
3. 树立要为班级增光的理念，加强自我管理的能力。

◇ 活动准备

中队委宣布活动开始，激发同学们参加活动的热情：让我们的青春飞扬，让我们架起心灵沟通的桥梁，让我们在学海中自由地翱翔，让我们的缘聚永远芬芳。

◇ 活动过程

1. 我们的家：中队委介绍我们班级成员的组织结构。

2. 我们的一天：强调我们的班级常规要求，对就餐、就寝、学习提出具体的要求。

3. 明确班级目标。

（1）志存高远，脚踏实地，分秒必争，勇创佳绩。

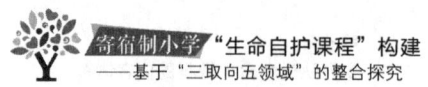

（2）努力做到两个适应：适应学习生活，适应学习氛围。

（3）做到三个服从：学习上要服从任课教师的安排，工作上要服从班主任的安排，生活上要服从生活老师的安排。

（4）努力实现五个预期目标：确保班级有个良好的学习环境和竞争氛围；确保薄弱科目得到有效的加强；确保努力使基础薄弱的同学有长足的进步；确保每个同学学有所成，让每个同学都能体验成功；确保努力使每次考试都达到自己的预期目标。

（5）点燃取得成功的六颗心：远大抱负的雄心，战胜困难的信心，精益求精的细心，锲而不舍的恒心，不耻下问的虚心，以诚相待的真心。

4. 再次强调班纪班规、班风班貌的具体要求，倡议大家都遵守我们共同的约定。

总结与反思，提出希望与祝愿。

三、少先队高段生命自护课程组织单元

高段的组织内容单元分成几大主题，分别指向四个研究内容：身份认同、青春萌芽、学会生存、危机应对。

（一）身份认同

1. 国家认同。国家认同是一个国家的成员对所属国家的国家主权、国家制度、政治主张、经济政策、价值观念、文化传统、历史背景、理想信念等的认可而产生的归属感。国家认同不仅是维系国家生存和发展的精神纽带，而且直接关乎国家政治、经济、社会的稳定与发展。基于此，可以开展主题班队会"向英雄致敬"，开展"向英雄致敬"演讲比赛。内容如表 7-9 所示。

表 7-9　少先队高段生命自护课程组织单元内容

```
                  ┌ 前置板块：查找资料（和信息学科合作拟定故事初稿，确定活动方案）
                  │         ┌ 三报
                  │         │              ┌ 查找资料
                  │         │ 撰写演讲稿   ┤ 完成初稿
向英雄致敬 ┤ 实施板块 ┤         │              └ 修改初稿，突出人物
                  │         │ 初赛（小组选拔，推选优秀代表）
                  │         │ 决赛 ┌ 班级展示、评比
                  │         │      └ 颁发奖状
                  │         └ 三行
```

1. 前置板块（遵循队员自主原则进行课前准备）

(1) 收集相关资料

利用网络或者亲身经历收集疫情期间、抗洪期间、古代或近代战争时期的英雄故事，准备故事初稿。

(2) 小组探究

组内交流，修改故事初稿，突出事件叙述和人物品质。

每个英雄的闪光点是不同的，着重叙述细节。

(3) 由队员拟定活动方案

小组内进行筛选，选出 1~2 个具有典型事例的故事向全班汇报。

全班展示，由同学们谈体会，进而深化主题。

班级评比，颁发奖状"优秀故事"。

(4) 中队辅导员提出建议，确定实施方案

大队委初步拟定活动方案，中队辅导员修改确定。

选出活动主持人，准备主持稿。

活动时的音乐、投影交由专门的同学负责。

2. 实施板块

(1) 三报

①小队长向中队长报告人数及活动准备情况；

②中队长向中队辅导员报告活动人数及活动准备完毕；

③中队长向中队辅导员报告活动完成。

(2) 两评

①队员在活动中对某一环节进行评价

小组筛选时，队员谈自己的观点，给出意见。

②中队辅导员向队员评价整个活动情况

中队辅导员在整个活动结束后，要向全班总结这次活动的得失和意义所在，还要针对某几位同学的生动事例进行点评，积极肯定。

(3) 三行

①队员分享与展示行为

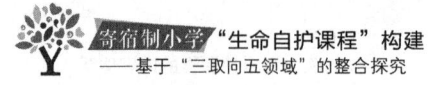

续表

小组活动时，中队辅导员深入小组，进行指导点拨。 ②小组的协作组织行为 中队辅导员协调各小组之间的汇报次序，协助大队委组织活动流程。 ③中队辅导员引导行为 活动铺垫，先讲述一个英雄故事，激发学生的积极性； 积极关注同学们的收集进度，还可以观看相关视频； 优秀讲述者录制视频，专门在班级群进行展示； 活动记录收录进班级播报。

2. 组织认同。让少先队员更喜欢少先队，组织光荣感和组织归属感显著增强是少先队改革的主要目标之一。因此，加强对少先队员的组织认同教育十分必要。可以开展"我为队旗添光彩"主题活动，回顾少先队知识，认识历史上的小英雄，并制作特色小报。

◇ 活动目的

1. 让学生更多地了解少先队的发展过程以及在中国革命和建设时期发挥的重大作用。

2. 让学生知道中国少年先锋队的历史和含义，维护队旗的荣誉，激发学生对少先队组织的热爱，争做一个优秀的少先队员，为队旗增光添彩。

◇ 活动准备

1. 学生查找少先队资料，了解优秀少先队代表的故事。

2. 布置主题黑板。

◇ 活动过程

1. 队会开始仪式

中队长：尊敬的各位领导、老师，亲爱的同学们，以"我为队旗添光彩"为主题的中队会准备开始。

三报：

（1）各小队汇报人数。

（2）中队长向辅导员汇报人数。

（3）中队辅导员预祝本次队会圆满成功。

（4）全体起立，出旗敬礼。

（5）唱队歌。

（6）中队长宣布"我为队旗添光彩"主题队会现在开始！

2. 队会活动过程

主持人：1949年10月13日是中国少年先锋队建队日，中国少年先锋队已建队72周年。首先，让我们把目光投向那过去的岁月，回顾中国少年先锋队所走过的峥嵘岁月。

（1）第一篇章：少先队的光荣史，我们永远铭记。

带领同学们回顾少年先锋队的发展史（五个阶段）：

①劳动儿童团（1924—1927）中国最早的革命儿童组织，又称劳动童子团，成立于第一次国内革命时期。

②土地革命战争时期的共产儿童团和少年先锋队。

共青团中央在五届三中全会后，于1930年12月提出《儿童运动决议》（草案），确定儿童运动的性质是"共产主义儿童团"，规定在苏维埃区域内的儿童组织可以统一名称为"共产儿童团"，劳动童子团沿革为儿童团。

③抗日战争时期的抗日儿童团。

抗日儿童团是抗日战争时期中国共产党领导的广大抗日根据地建立的抗日救国的少年儿童革命组织。

④解放战争时期的儿童团和少先队。

解放战争时期各解放区的儿童团基本上是在抗日儿童团的基础上发展起来的。在国民党统治区，地下少先队组织为解放战争的胜利做出了积极贡献。

⑤社会主义现代化建设中的中国少先队。

A. 新中国成立后的少先队

从1949年中华人民共和国成立到1966年"文化大革命"爆发，这中间的17年是中国少先队走向正规、蓬勃发展的时期。

B. 改革开放后的中国少先队。

（2）第二篇章：他们是我们永远的榜样，认识新时代的红领巾。

①认识历史上的儿童英雄：《二小放牛郎》《鸡毛信》《海蒂的故事》《抗日英雄——雨来》

②了解新中国的小英雄。

(3) 欣赏情景剧《怎样才能为队旗添光彩》。

(4) 中队辅导员总结讲话：小学生活将是我们人生路上的启明星，我们珍惜这闪着梦幻般光彩的少年时代，我们珍藏这佩戴红领巾的年龄。我们相信，到了将来，存留在我们心中的红领巾将永远是红艳艳的。

3. 宣布队会结束

(二) 青春萌芽

1. 身体变化

学生提前查找资料、整理困惑，通过主题中队学习，使男女生了解了青春期的生长特点及保健知识，学会保护自己的身体。男女队员分别说说如何调整心理状态，如矛盾、自卑、孤独、嫉妒，告诉队员要积极地自我反省，友善和谐地与人相处，不断地接纳和完善自己。注意做好生理和心理保健工作。中队辅导员进行引导性评价，使队员们能积极、阳光地度过这一特别的阶段。

◇ **实施板块**

第一报：小队长向中队长报告人数及活动准备情况。

第二报：中队长向中队辅导员报告活动人数及活动准备完毕。

中队辅导员引入课题。

第一行：

男女队员分班进行，中队辅导员讲解男女生青春期的生理知识。

男生：

(1) 体格发育。

(2) 身高的计算。

(3) 第二性征发育。

(4) 喉结及声音的变化。

女生：

(1) 体格发育。

(2) 第二性征发育。

(3) 正确认识月经。

第二行：

男女队员分别说说自己的身体变化及遇到的困惑。

当遇到烦恼与困惑时，可以分三步走。第一步，先自己尝试着化解；第二步，化解不了的可以找朋友、老师或家长帮忙；第三步，学习积累应对这些情绪的方法，从而在下一次遇到同样事情时能从容应对。

第一评：中队辅导员进行引导性评价。队员能正确看待发育过程中出现的各种现象，珍爱生命，健康成长。

第二评：小队长根据队员的参与度进行活动评价。

第三行：中队辅导员评价整个活动情况，总结学生在增强自我意识的同时正确看待身边异性朋友的身体变化。

第三报：中队长向中队辅导员报告活动完成，活动结束。

2. 心理疏导

(1) 做情绪的主人

通过"做情绪的主人"主题活动，学会合理地发泄自己的情绪。倾诉是调控情绪的一种方式。即当产生消极情绪时，向好朋友、老师、父母或自己倾诉内心的焦虑和痛苦，并接受他们给予的劝慰和帮助。通过情绪的充分表露和从外界得到的反馈信息，可以把握引起消极情绪的认知过程和改变不合理的观念，从而求得心理上的平衡，以达到调控消极情绪的目的。通过讨论，使学生知道：遇到不顺心的事不要憋在心里，只要你尽情地诉说了，一切都会好起来。

发泄不良情绪的方法：

①合理发泄法，是指在适当的场合，用适当的方式来解除心中的不良情绪。比如，在适当的场合哭一场、向他人倾诉、进行剧烈运动、放声高歌或大喊。我们应该学会在合适的场合、用合理的方式表达情绪。

②自我激励法：激励自己要用正面积极的语言。比如，说我一定会成功，而不说我不可能失败，因为前者在你自己的大脑中种下的是成功的种子，在潜意识里会指挥你成功；而后者种下的是失败的种子，在潜意识里会给自己设置失败的栏杆。

认识情绪、了解情绪，进而学会控制情绪。

◇ 实施板块

第一报：小队长向中队长报告人数及活动准备情况。

第二报：中队长向中队辅导员报告活动人数及活动准备完毕。

中队辅导员引入课题。

第一行：心理老师讲解情绪的分类和控制方法。

第一步：认识情绪

教师：生活中有各种各样的情绪，老师找到了几幅表现情绪的图片，让我们来看一看。

①高兴：他们的情绪怎样？从什么地方看出他们很高兴？能想象一下，他们为什么这么高兴吗？

②吃惊：这是什么情绪？怎么看出来的？猜猜他为什么会这么吃惊？

③害怕：他是什么情绪？你们怎么看出来的？

④生气：这个场面我们很多同学可能都经历过，这位爸爸现在是什么情绪？猜猜他为什么会这样？

⑤烦恼：这又是什么情绪？你们觉得他可能遇到了什么事情才会这样？

教师：说一说生活中令你十分生气、害怕、伤心或高兴的事，并把它们写在"心情卡片"上。遇到以上情况，你们会有怎样的情绪？又会怎么做呢？说一说遇到这些情绪的时候，你们都有什么样的表现吧。

第二步：不良情绪的危害性

教师：高兴、伤心、生气、害怕等都是我们面对一些事情时会有的正常表现。但假如你们为了一些不高兴的事，一直伤心、生气，那会有怎么样的后果呢？与伙伴讨论一下。

指名学生谈想法，引导学生认识到良好的情绪有利于学习、生活，不良的情绪会给学习、生活带来负面影响。（可举例说明）

教师：请同学们看以下几个事例，总结一下每一个事例中消极情绪对人的哪些方面有影响。

①小刚和小强是同班同学，平时体育课100米跑的速度一样快。参加

学校运动会时,听到同学们的加油声,小刚心里十分紧张,害怕跑不好,而小强则是轻装上阵。结果到终点时,小刚落后小强两米多。

这个事例表明:小刚在消极情绪状态下,没有发挥出自己的正常水平,说明了消极情绪会影响人正常发挥。

②面对考试,同学们会有怎样的心情?(害怕、平静)

引导学生,以正确的态度面对考试,正确看待考试。

第三步:学会排除烦恼的方法

教师:其实,情绪不仅会影响自己,而且会影响别人。哪一种情绪,你们希望一直拥有它呢?

教师:我们都希望自己多一点快乐,少一些烦恼。但是,我们难免会遇上倒霉事。这就需要我们做情绪的主人,学会在不高兴的时候有调节自己情绪的本事。与伙伴讨论交流,哪些方法可以消除烦恼,让人快乐起来。

教师:当我们遇到不开心的事时,可以听听音乐、唱唱歌、跳跳舞、做做放松操,或者睡上一觉,也可以把不开心的事写下来,还可以请大人帮忙找出原因,想出好办法解决,甚至可以到一个没人的地方去大叫、大哭一场,把一切的不愉快忘记。

教师:在这里,老师还有两个排除烦恼的方法想和大家交流。

①转移注意力

转移注意力就是把注意力从引起不良情绪的事情转移到其他事情上,这样就可以使人从消极情绪中解脱出来,从而激发积极、愉快的情绪反应。

②学会倾诉

放录音,让学生听故事,然后思考并回答问题:

A. 近几天小月为什么与同学关系疏远了,学习成绩也下降了?

B. 王老师告诉小月一个什么道理?

C. 小月哭了,王老师为什么没有阻止,反而让她继续哭?

D. 假如你有了不愉快的事,会对谁倾诉呢?

③自我宽慰

教师给学生讲个小故事：

小亮过生日，请了几个同学到他家来玩。小刚和小明带着礼物来到他家。这时已经来了两个同学，而桌子上摆着半瓶可乐。小刚想："我们来晚了，还给我们剩半瓶，真不错！"而小明却想："怎么把可乐都喝了这么多了，真倒霉！"

学生思考并回答问题：

A. 为什么同一种情况，却有截然不同的感受呢？

B. 你愿意用什么办法来调整自己的情绪呢？自我宽慰的方法，就是当我们遇到了让人心烦的事，产生了不良情绪时，可以努力从积极的角度去想问题，而不要从消极的角度考虑问题，尽量使自己的心理得到一定的安慰。

第四步：学会控制情绪

我们还要做到"喜怒有常"和"喜怒有度"，切记不可过度。

（播放小品片段）在我国历史上、小说中有不少典故，像楚国大将伍子胥过昭关急白了头；《三国演义》中周瑜怒不可遏吐血而亡；《岳飞传》中牛皋高兴而死都是情绪过度的表现。自我控制情绪的方法很多，主要介绍以下两种。

①自我暗示法

小实验：请学生静下心来，在心中默念喜笑颜开、开怀大笑、欢天喜地、兴高采烈、欣喜若狂、眉开眼笑、兴高采烈，并且想象这些情景。（让同学们尝试几分钟）

教师：你也许会产生一种真的很高兴的感觉。这个实验说明了语言能对人的情绪产生暗示作用。当你发怒时，可以反复地暗示自己不要发怒，别做蠢事，发怒是无能的表现，发怒有害无益；当你陷入忧愁时，可以暗示自己忧愁没有用，无济于事，还是振作起来吧。这种缓解情绪的方法称为自我暗示法。齐读激励格言。

②深呼吸法

深呼吸法是指通过慢而深的呼吸方式，来消除紧张、降低兴奋性水平，使人的波动情绪逐渐稳定的方法。

步骤：

A. 站直或坐直，微闭双眼，排除杂念，尽力用鼻子吸气。

B. 轻轻屏住呼吸，慢数一、二、三。

C. 缓慢地用口呼气，同时数一、二、三，直到把气吐尽为止。

第五步：心灵快餐（背景音乐《菊次郎的夏天》）

教师：现在，我们已经学会了这么多调节情绪、排除烦恼、控制情绪的好办法，请大家看一看刚刚自己在"心情卡片"上所写的开心或不开心的事。如果是开心的，请写出更多寻找快乐的方法；如果是不开心的，请为自己写出合适的调节情绪的方法，制作心灵快餐，将自己的快乐秘诀写给别人。

教师：心灵快餐做好了，我们的"快餐交流会"也要开始了。小朋友很热心地将自己的快乐秘诀写给别人。下面，我们要去看看别人写给自己的快乐秘诀。

第六步：活动总结

同学们找到了这么多快乐的秘诀，老师真为你们高兴，送给你们一首儿歌：

情绪就像气象台，喜怒哀乐变得快。

生气时，笑一笑，烦恼事，讲出来。

紧张时，静一静，伤心时，想得开。

乐观向上有自信，学习生活添光彩。

第二行：队员分别说说情绪控制方法以及如何管理好自己的情绪（生活中遇到不愉快的事，我们要学会调节情绪，做情绪的主人，乐观自信，成为一个健康快乐的人）。

第一评：中队辅导员进行引导性评价：珍爱生命，健康成长，管理好自己的情绪。

第二评：小队长根据队员的参与度进行活动评价。

第三行：中队辅导员评价整个活动情况，引导学生在增强自我意识的同时正确看待身边异性朋友的身体变化。

第三报：中队长向中队辅导员报告活动完成，活动结束。

（2）美的传递

得体、漂亮的服装能给人留下深刻、美好的印象，从而提升自身的形象，着装美、语言美、行为美、心灵美能体现出一个人的个人素质。

◎ **实施板块**

第一报：小队长向中队长报告人数及活动准备情况。

第二报：中队长向中队辅导员报告活动人数及活动准备完毕。

中队辅导员引入课题。

第一行：教师讲解美的分类和表现形式。

①行为美

A. 讨论：作为现代社会的文明小学生，在讲究仪表美方面，要做到哪些基本要求？

先小组讨论，然后组织交流。交流后，组织学生阅读课文，进一步体会要求：

a. 保持个人卫生（头发、耳后、脖颈、口腔、手脚卫生）；

b. 坐立行姿势要端正（保持正确的坐立行姿势）；

c. 讲究语言美（不说粗话，讲话有礼，声音亲切，使用文明语言）；

d. 注意言行举止（对人和气，动作文雅，遵守公共秩序，走路时不吃东西，不随地吐痰，瓜皮果壳不乱扔，不对着人咳嗽、打喷嚏等）。

B. 分小组说一说自己平时是怎样做到仪表美的，还有哪些不足。

②着装美

服装整洁、美观、大方（衣着得体，大小适宜，鞋袜常换，头饰适当）。

③语言美

语言美是心灵美的一种外在表现形式，这种美总在细微之处体现，但却是至关重要的，它是评价一个人的重要标准。

拥有语言美的人总是受人欢迎的。

A. 你能说说可以体现语言美的词语吗？

我们的生活因为有了语言而更加精彩！

B. 日常礼貌用语。

感谢语：谢谢！劳驾！您费心！拜托！麻烦！感谢您！……

见面语：您好！你好！大家好！早上好！下午好！晚上好！很高兴见到你！您多指教、多关照！……

告别语：再见！欢迎再来！祝您一路顺风！请再来！……（可不能在医院里说啊）

致歉语：

向对方致歉：对不起！请原谅！很抱歉！请稍等！请多包涵！……

接受对方致歉时：别客气！不用谢！没关系！请不要放在心上！……

④心灵美

一个人的世界观和价值观不同，审美观也就不一样。一个人的美，不仅要美在外表，更要美在行为和心灵。现代社会对"心灵美"的衡量标准主要有四点：

A. 思想意识的美，包括：正确的立场和观点、方法、崇高的理想、爱国主义和集体主义思想等。

B. 道德情操的美，如：情感、操守、格调的美。

C. 精神意志的美，如：进取精神、创造精神、顽强意志、崇高气节的美。

D. 智慧才能的美，如：高深的文化素养、知识才能、聪明睿智的美。

第二行：队员分别说说美的分类及表现。如何做一个行为美、着装美、语言美、心灵美的队员？

第一评：中队辅导员进行引导性评价。

第二评：小队长根据队员的参与度进行活动评价。

第三行：中队辅导员评价整个活动情况。希望孩子们都拥有一双善于发现美的眼睛和创造美的手，以及一颗善于欣赏美的心灵，运用多种方式表现美，把正能量传递给身边的人，让自己的灵魂更美、生活更美！

第三报：中队长向中队辅导员报告活动完成，活动结束。

（三）学会生存

生存技能是指人在生活中所必须掌握的能够使自己独立生存的基本知

识和基本能力,是一个人征服自然和适应自然的能力。现在的学生,绝大多数都是独生子女,在家中很少做家务,有的连最起码的生活起居也由父母代劳。在学校,能让学生锻炼生活技能的机会就更少了。所以,学生生活技能的培养是学校教育的一个薄弱环节。

小学生生活技能的培养,一方面靠学校;另一方面,也离不开家庭。

1. 为了培养学生的自理能力,结合家校力量,可以在班级中开展"收拾整理小能手"活动,整理自己的抽屉、书包及寝室、家里的个人物品,并且将自己的心得体会写下来。

2. 独立是小学生成长过程中必不可少的意志品质,也是日后生存和发展的必备条件。学生独立制作一道美食,既可以增进家庭之间的沟通与交流,也可以培养小学生的生活技能。学校可以通过安全教育、各相关学科的渗透以及活动课去培养。家庭要通过家务劳动多给小学生锻炼的机会,这样才能提高小学生的生活技能。

(四)危机应对

1. 自我危机

纵观现今的小学生,他们娇生惯养、以自我为中心,往往不会与人交流与合作。这有悖于时代对人的素质所提出的要求。从某种意义上说,合作是一种比知识更重要的能力。因此,从小学起,教师在教学中就应该十分重视培养学生合作交流的意识,努力营造民主和谐的气氛,加强合作技能与方法的指导,并提供一些让学生合作交流的机会,使他们积极地参与、主动地探究。

自信是一个人对自身能力的正确认识和充分估价,这是一种良好的心理品质。自信的孩子热情乐观,不怕挫折,能凭坚定的信念和顽强的毅力去实现目标。

2. 社会危机

通过习作形式夸一夸自己身边的人,欣赏学习别人的长处与亮点。同时,收集整理别人对自己的评价,适时做出改变,对做得不好的地方及时改进。

四、少先队大队生命自护课程组织单元

(一) 9—10月大队生命自护课程

表7-10 9—10月大队生命自护课程

大主题	必修		选修	
	小主题	活动简要	小主题	活动简要
9—10月 生命的力量 (诗)	光荣与使命——10·13建队日活动（思想成长）	1. 基于身体成长，用诗歌来表现和激励队员的思想成长 2. 新生建队，分批入队；2—6六年级庆队 3. 新大队委戴标仪式	责任与担当——队礼仪活动	1. 大队委掌握队的基本仪式 2. 大队委用诗歌的形式对新生进行队前教育（队旗、队礼、队歌、系红领巾等）
	劳动与成长——秋耕社会实践（精神成长）	1. 田园诗歌会（用诗歌来歌颂劳动精神） 2. 体验劳动	责任与担当——秋耕活动的组织与协调	1. 大队委明确活动方案及要求 2. 活动中发挥榜样作用 3. 组织与评价

1. 光荣与使命——10·13建队日活动"队旗飘飘心向党"

金秋十月，硕果累累。少先队员们在飘扬的队旗下，星星火炬的指引中，各中队响亮的口号中，奏响了大队活动的序曲。

(1) 唱响嘹亮的队歌

2020年10月13日是中国少年先锋队建队71周年纪念日，在这光荣神圣的时刻，我们的大队活动在嘹亮的队歌声中开始了。

(2) 我是光荣的大队委

新一届大队委将担负着为全体少先队员服务的重要使命，传承光荣与责任。

(3) 我是一名少先队员

六年级的哥哥姐姐为一年级的新少先队员佩戴红领巾，在队旗下宣誓：我是一名光荣的少先队员了。

(4) 激情朗诵《中国少年说》

"少年智则国智,少年强则国强",全体少先队员激情澎湃的朗诵声响彻校园……

队旗飘飘心向党,红领巾逐梦新时代。华夏少年意气扬,发愤图强做栋梁。

2. 劳动与成长——秋耕社会实践活动

在生命自护课程的浸润下,学生亲近自然,与可爱的动物萌宠亲密接触,体验生命的奇妙。在农业科技馆,高大上的"磁悬浮种植"于半空的多肉植物让学生大开眼界。学生探索"西蜀村落",了解上千年川西农耕文化的精髓。学生在这里团结协作,努力做一名勇于探究、敢于冒险的学习者。

(二) 11—12月大队生命自护课程内容

表 7-11　11—12月大队生命自护课程内容

大主题	必修		选修	
	小主题	活动简要	小主题	活动简要
11—12月生命自护行(书)	安全与健康	1. 借助校运会进行健康运动、安全自护资料的查阅与学习(全科阅读中涵盖) 2. 各中队以年级为单位进行展示(以书面为主) 3. 安全、自护知识学习(防火、防踩踏、防爆竹等)	责任与担当——自护·运动·健康活动宣传	开展征文活动,利用广播站进行运动健康知识的宣传

1. 安全与健康——校运会"生命的动力"

爱成都,迎大运。爱美视,爱运动。校运会上,孩子们穿越重重障碍,学会提高自我保护能力,到达胜利的终点!体育,生命的动力。身体健康我最棒,健身报国中华强。

借助校运会进行健康运动、安全自护资料的查阅与学习。(全科阅读中涵盖)

各中队以年级为单位进行展示。(以书面为主)

2. 安全、自护知识学习——"生命自护探秘"实践活动

"行是知之始,知是行之成。"学生在校先完成"生命安全教育前置手册",再走出校园,成为一名"生命自护小探员",参加生命安全教育研学活动,并体验生命安全课堂——交通安全、自然灾害与用电安全、消防知识及逃生方法、急救学习与实践操作、灭火器的认识与使用。

珍爱生命,学会自护。学生在探秘生命与安全的研途中,提高了安全应急自救能力,学习了成长中必备的安全知识和技能,勇于担当,不惧挫折!

(三) 1—2月大队生命自护课程内容

表7-12　1—2月大队生命自护课程内容

大主题	必修		选修	
	小主题	活动简要	小主题	活动简要
1、2月自我管理	坚持与拓展——寒假自我管理	1. "四个坚持"(读书、劳动、运动、关注时事) 2. 合理制订假期作息计划,完成假期任务清单 3. 假期计划实施情况评价	坚持与拓展——寒假自我管理	1. 外出研学 2. 研学表现评价

(四) 3—4月大队生命自护课程内容

表7-13　3—4月大队生命自护课程内容

大主题	必修		选修	
	小主题	活动简要	小主题	活动简要
3—4月文化的浸润(礼)	经典与传承——国学文化节	各中队以不同的形式(吟诵、表演、手工、诗词大赛等)展示中国传统文化	责任与担当——国学文化节活动的组织与协调	组织队员、小队对本中队的国学文化创意进行展示
	播种与希望——春种活动	1. 体验播种 2. 学习耕作之礼(顺序、协作)	责任与担当——春种活动的组织与协调	1. 大队委明确活动方案及要求 2. 活动中发挥榜样作用 3. 组织与评价

1. 经典与传承——国学文化节

"谦谦君子,和而不同。莘莘学子,融会贯通。"成都美视国际学校为期一周的首届国学文化节,在落英缤纷的季节里开幕!各年级传唱经典,做风筝、做书签、画扇面,开展诗词大会,感受国学文化的魅力。古诗文经典已经融入中华民族的血脉,成了我们的基因。中华文化代代传,国学经典承校园。

2. 播种与希望——春种活动

走进春天,让学生与自然亲密接触,牵手前行,让校园外的学习变得生动。森林深处,一片沃土,孩子们种小树,小树茁壮生长。"种下梦想,放飞希望",四季变迁,我们感恩自然的馈赠,令这个世界变得更加斑斓多姿。

(五)5—6月大队生命自护课程内容

表7-14　5—6月大队生命自护课程内容

大主题	必修		选修	
	小主题	活动简要	小主题	活动简要
5—6月 多彩的生命 (乐)	自信与分享 ——六一儿童节活动	用多样的形式表现少先队员的积极向上的精神风貌	责任与担当 ——六一儿童节活动的组织与协调	1. 大队委明确活动方案及要求 2. 活动中发挥榜样作用 3. 组织与评价
	安全与健康	安全、急救知识学习(防自然灾害、防溺水、防暴力)		

自信与分享——六一儿童节活动:

夏日的风,带着芬芳,传递着童年的每一个心愿。夏日的风,带着温暖,伴随着生命的每一次感动。"六一",童年的摇篮,童年的沃土,童年的海洋……

18个中队各展风采,带着孩子们对童年的期许,牵着大朋友对童年的回忆，共同感受着一场充满童真、童趣和童画的饕餮盛宴——成都美视国际学校欢庆六一主会场。孩子们大方自信地说出心中的理想，用热情播撒智慧的种子，用彩虹编织美好的童年。

哇！这么多琳琅满目的作品，真叫人赞叹不已呀！赶快来参加拍卖会吧，献出你的爱心，收获你的所爱——六一分会场"艺术坊""国学文化馆""智慧宫""英语沙龙吧"……

童年时光，如清澈无比的水，滴滴反射童年的天真。童年时光，像一个个五彩斑斓的梦，个个记录童年的趣事。童年时光，似一串串五光十色的珍珠，颗颗珍藏童年的梦想。谦谦君子，快乐分享，莘莘学子，梦想远航！

（六）7—8月大队生命自护课程内容

表7-15　7—8月大队生命自护课程内容

大主题	必修		选修	
	小主题	活动简要	小主题	活动简要
7、8月自我管理	坚持与拓展——暑假自我管理	1."四个坚持"（读书、劳动、运动、关注时事） 2.合理制订假期作息计划，完成假期任务清单 3.假期计划实施情况评价	责任与担当——暑假自我管理	1.外出研学 2.研学表现评价

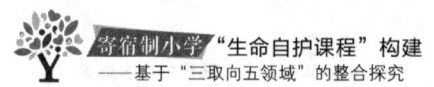

第八章
少先队生命自护课程的实施
——以成都美视国际学校为例

少先队工作是学校德育工作中的重要组成部分，而德育工作则是以培养学生核心素养、推进教育改革与发展的重要抓手。学部认真学习《教育部关于培育和践行社会主义核心价值观进一步加强中小学德育工作的意见》（教基一〔2014〕4号）、《教育部关于全面深化课程改革落实立德树人根本任务的意见》（教基二〔2014〕4号），更加明确了德育工作的目标与内容。

学部少先队工作以社会主义核心价值观为引领，坚持立德树人，突出少先队建设的重要性，使德育内容贴近学生生活实际，力图形成各学段纵向衔接、各学科横向融通、课内外深度融合、符合学生认知规律和成长规律的少先队"生命自护"课程实施体系。

随着《中国学生发展核心素养》研究成果发布，中国学生发展核心素养分为"文化基础、自主发展、社会参与"三个方面，综合表现为"人文底蕴、科学精神、学会学习、健康生活、责任担当、实践创新"六大素养。

我们认识到在学校德育工作中要加强对学生思想意识与道德品质的培养，才能应对未来教育的挑战。而对于个人生命与身体健康的认识，对于小学阶段的孩子来说，也是需要在这个学龄段建立的概念，并能形成相当的能力作为目标。从学校的工作实际情况与学情分析来看，仅仅停留在意识认知的层面是不够的，于是，我们开始尝试将"生命自护"作为常态课程中的一个组成部分来进行实践。同时，结合儿童学习的特性，从"参与、实践"加强认知力的角度，我们尝试建构儿童生命自护活动的系列课程，并且以少先队组织的活动形式作为外显载体。

第八章
少先队生命自护课程的实施

第一节 学校层面：少先队生命自护课程实施的基础与保障

一、实施基础

(一) 硬件设施与保障

成都美视国际学校作为2002年由省教育厅批准成立的一所国际学校，18年的发展已经形成了系统的双轨制k12国际教育模式。从基础硬件设施来看，为我们的少先队生命自护课程的实施提供了较好的基本保障。学校的教育环境以园林式、分区域为特点，绿化面积占校园总面积的60%，标准运动场与体育馆作为大型活动共享区域。除此之外，不同学部教学楼外、生活区域旁都设有小操场，作为学生运动锻炼的场所。

在小学部教学楼内，所有的教室都配有一体机。每个中队除了自己的教室外，楼内共享空间包括：一个专门录播室，为及时采集师生共同学习记录提供了支持；一间信息教室，为孩子们提供了利用网络进行资源收集、查询、整理的平台；一间多用教室，作为分层学习、专题交流的场所；每层楼的交流室，进行年级备课、个别谈话、特殊情况处理，是一个小型私密的空间，在一定程度上为尊重个人隐私提供了保障。

1. 场地及设备

各中队教室作为中队建设的主阵地，在活动课程的实施过程中，从前置课程到最后课程反思，根据活动课程的内容需要而对校园内的场地、设备进行选择性使用。当然，使用前需要提前一周报备人力资源部，以免使用上出现重叠。对于整个校园共享的区域，则需要提前一个月报备。

美视国际学校小学部内，从文化建设到队的仪式设施进行了合理的"融合"，将少先队的知识学习、素养形成和能力锻炼相关的场地设备与学部教育教学实践需求联系在一起。大队与中队活动中的项目实施与学部德

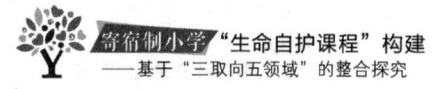

育主题活动呈现进行链接，场地与设备的使用做到"用心构思、物尽其用"。

2. 使用培训

在一线工作中，中队辅导员积累了很多活动案例，但是从少先队建设的角度而言，还缺少科学性、系统性、指导性。为了帮助辅导员们更有效地实施阵地建设，我们制定了每周一主题、每月一小结，年级"同主题分层落实"的行动方案，并匹配了对应的培训内容。在活动课程的构建中，辅导员之间实时传递，交互信息，更新措施，整合设施，这样，极大地增强了辅导员、队员与资源的有效融合。

（二）文化积淀

1. 校园文化基因

"中西合璧　兼容并蓄　科学育人"是美视国际学校建校之初就奠定的文化基调。中国部·小学则以"每一朵花都有属于自己的春光"为理念表达学部对教育的理解，成为学部文化的底色。随着对国际教育的实践深入，学部在多元文化与学科研究上加深思考，将"问题即课题"融入学部文化中，在感性的文化底色上增加了理性的文化思考。十八年的沉淀，中国部·小学团队将国际教育理念与中国国家课程标准进行深度研究与融合，在2017—2019年随着国家教育改革的深化，根据相关文件精神的指导，结合国家统编教材的落地，对学部文化基因进行了凝练与提升：以"感恩生命、欣赏成长"为核心词，以"和融教育"为教育理念，以"谦谦君子，和而不同；莘莘学子，融会贯通"阐释"和融之道"。中国部·小学少先队建设就是在这样的背景下，开始了系统、严谨地研究。

2. 少先队建设基调

立足国际视野的少先队活动应该是什么样的？这是中国部·小学德育工作一直在探索尝试的命题。我们重视孩子们对自己生命的感知，我们期待孩子们能在六年的小学学习里学会：认识自己，了解自己所处的时空，具备一定的自我管理能力，能用恰当的方式解决问题，对自己与他人有责任感，做一个会表达爱与会欣赏的学习者。随着新时代教育新目标的贯彻落实，青少年的红色基因教育与生命教育有着密切的联系，这既是对现代学生迎接未来挑战而储备关键能力的学习，更是为国家、为民族培养接班人的学习。因此，我们将少先队建设与儿童生命自护的素养和能力培养作为工作的切入点。这就是我们学部少先队建设的基调。

3. 中队特色

中队的特色，就是中国部·小学文化基因里的底色——"让每一朵花都有自己的春光"。中队辅导员与队员们基于团队凝聚力与个性品质的不同，在中队阵地建设与学习中，逐步形成各具特色的风格与特性，表现出少先队生命自护教育对不同位面的思考，展示出中队不同的风采。

（三）前期研究

1. 德育课程建设研究

中国部·小学的德育课程研究是以"用心、超前、细致"为行动准则进行。在我们的德育工作中，我们要求教育者不仅要做到关爱学生这一基本的要求，还要求能结合学生的实际情况，对孩子的成长有一定的预判，并给予细致的帮扶。而这一目标的达成，需要教育者以积极热情的态度，负责任地实施到自己的班级。这一阶段，我们主要是以专家引领、班级管理绩效为抓手进行教育者的推动工作，在实施过程的科学性、实施效果的预测与评估上还显不足。

2. 家校课程建设研究

作为一所寄宿制的国际学校，我们对于家校关系的建立是非常重视的。家校关系的搭建与经营有从实践经验与教训中获得的，也有德育研究深入后的专业思考与创造。于是，我们在2017年将多年的行动思考融入中国青少年研究中心的课题研究，开展了"寄宿制背景下培养小学生自我管理能力的实践研究"。

从该研究里，我们探索到一些家校合作的规律和模式。从合作形式、内容、显性成果中，我们看到了，构建家校学习者社区对学部在学生成长中自我管理能力形成上的强大作用。这项课题的研究成果，为我们下一步探索少先队建设与儿童生命自护的关联建立了理论基础，提供了实践依据。

3. 少先队活动研究

少先队活动的研究一直处于基础活动层面。美视国际学校在建校初就一直以国家课程关于少先队建设的相关要求开展工作,结合学校特点,将国际教育理念与个人成长、生存能力培养、环境保护意识培养等相关因素放入德育活动中,并选择部分内容作为少先队活动内容。

从少先队活动研究的理论与实践而言,我们的行动还是很稚嫩的。对少先队的本质内涵认识不够深入,在思想意识建设上缺少指导与科学的方法。这也是我们迫切希望开展以构建少先队活动课程设计为载体的"生命自护"课题研究的初衷。

4. 课题研究

从学校发展的需求出发,以学生成长的需求为基本点,中国部·小学一直重视课题研究,从学校双轨制办学特点与学部学情入手,将教育教学实践中聚焦的问题作为研究课题,例如:

(1)国家级"十三五"课题"素质教育创新与少年儿童核心素养培育研究"子课题;寄宿制背景下培养小学生自我管理能力的实践研究(2017—2020年)。

(2)高新区"家校合作,培养小学生自我管理能力的实践研究"。

(3)校级小课题:"小学生自我形象管理研究"(美术组牵头,中高段实施);"中段学生作业自查能力培养的实践研究"(数学组年段课题)"英语绘本阅读与聆听习惯养成的研究"(英语组年段课题);"幼小衔接阶段的情绪管理研究"(一年级组与德育处携手);"毕业年级课程设计"(六年级组与德育处共同研究)。

从近四年的课题研究中,我们对于"活动中学习、活动中提升"有了更多积极的思考,也获得了学习社区中家长的认同与支持。于是,我们在"和融教育"六大课程板块中,开始专注相关"活动课程"的研究与设计。同时,在德育课程与家校课程实施比较成熟的阶段,即从2019年9月开始,对少先队活动课程设计进行再思考,也希望将我们对少先队工作的认识通过严谨的课题研究过程进行提升,形成更具有科学性的少先队活动课程体系。并且,我们问题的聚焦,就在"生命自护"这个关键词的落实。

第八章
少先队生命自护课程的实施

二、实施保障

(一) 制度保障

1. 学校少先队组织建设制度

学校少先队组织是德育处的重要组成部分,由副校长主抓具体工作,设置一名大队辅导员。由德育主任牵头,各中队辅导员负责策划与评估等少先队工作,并引导学生参与或承担部分主持活动的任务。学部少先队以建构"生命自护"活动课程为研究点,将学校的德育课程、家校课程、拓展课程和实践活动课程建立多元联动。

站在少先队员的视角,创设主题活动,鼓励队员们人人参与、互助互评,让少先队小干部在活动中承担任务与责任,在中队阵地里发挥其示范引领作用。

(1) 明确职责分工

①校长:牵头负责少先队"生命自护"活动课程的实施推进,在推进中鼓励跨学科、跨年段的研讨活动,支持学科与活动课程进行横向贯通,支持年段纵向衔接行动,并将参与课题研究行动的各项情况纳入年度教师绩效考核。

②德育副校长:负责课题研究人员的培训、行动评估,参与"生命自护"活动课程的构建与实施,推动多方联动,促进优秀案例、行动成效成果的宣传。

③德育主任:负责落实本课题的培训、活动实施,并及时与专家指导团队建立联系,对现有工作进行反思与通报,帮助各年级组、各中队明确内容、形式,预测行动效果,为评估做好各项留痕。

④教导主任:根据学校课题研究的进程,及时提供场地与物资支持,组织学科教师积极参与配合大队、中队的行动。

⑤大队辅导员:负责少先队小干部培训与管理,对大队活动及时总结反馈,上报德育主任。

(2) 厘清活动责任

①由德育处牵头，教导处统一管理（每周四下午第四节课，教导处统一排课）。中队的课程主要由中队辅导员负责实施，学科教师参与实施。大队课程主要由大队辅导员负责，中队辅导员配合实施。德育处和教导处提供支持。

②由德育处牵头对课程教师的实施情况进行监督考核（具体考核细则由德育处研制）。年级组长负责收集各中队活动前的实施方案和实施后的过程性资料，并汇总后上交德育处统一管理。

③大队活动实施前和实施后的资料上交德育处。由德育处面向社会发布该活动的情况，中队辅导员协助。

2. 课程设置制度

中队生命自护活动课程纳入日常课表中，每周一节，由中队辅导员与活动主题相关教师共同构思并实施。在活动开展中形成"三报两评三行"的模式。

设置的流程如下：

（1）学年初，专家指导下，各学段明确学年主题；

（2）学月初，德育处牵头，年级组长负责组织课程相关学科教师参与共议学月主题，确定活动内容、形式以及分工；

（3）中队辅导员根据本班学情，与活动课程相关教师确定班级活动具体时间与方案并落实。

3. 课程实施的规范

（1）加强组织领导，校长、副校长与德育主任、教导主任作为课题研究小组成员参与并推进课程实施。

（2）加强科研指导与过程管理，明确目标，梳理活动主题与内容，探讨有效的途径与方法，在专家指导下，定期开展培训，及时总结经验，改进不足。对优秀案例进行研讨，不断提高少先队工作的科学性与实效性。

（3）建立研讨交流与学习平台，鼓励教师参与区市级相关课题研究的学习，为教师提供观摩、学习的机会。充分利用学校网络学习资源，通过知网、百度学术等专业平台，提升教师在少先队工作中的认识与实践能力。

（二）人力资源保障

1. 学部坚持例行的教师德育工作培训制度。以骨干培训带动全体教师的学习模式，提高全体教师德育课程与少先队课程一体化的理论水平和能力。建立课题教研与绩效奖励挂钩的制度，不仅给教师创造多种德育工作培训、比赛的机会，更鼓励教师在团队中积极开展中队成果展示等活动。我们努力探索和完善与"生命自护"课程相适应的工作机制。

2. 学部德育处将大队辅导员培训作为德育干部培训的重要部分。大队辅导员作为骨干，参与各级学习观摩，并承担学校课题活动主持等工作。各中队辅导员同时也是班主任，从薪酬待遇上，学部提升班主任工作的月薪，并在学期末根据评估实施单项奖励，鼓励教师积极学习，不断提升，增强少先队活动课程的设计与实施能力，提高班级工作的美誉度，赢得更多家长与学习社区成员的认同和支持。

3. 专家指导培训是课题研究理论层面与实施层面的重要支撑。每个月，由成都师范学院杨其勇博士带领的专家团队深入学校工作一线，听课、评课，对少先队"生命自护"课程的构建进行指导，对过程中的资料、案例、专著进行研读并指导评改，提升教师对于课题研究的理论学习能力，增强教师研究的信心，拓展各中队少先队活动构思的广度与实践的深度。

第二节 少先队生命自护课程实施的模式

一、教师主观意识的深度理解与学习

（一）正确解读"生命自护"的含义

生命对于人来说只有一次，珍爱生命、学会自我保护的方法，对于学生来说是必不可少的能力；对于学校和教师，更是需要重视的课题。

生命教育是全世界提倡的一种整合性教育。它的目的是使整个教育体

系要有生命力。它要求,在制度、教育的历程以及教育教学的内涵上,都必须把受教育者当作有自主意识的主体予以尊重,让学生理解从了解生命、爱护生命到发展生命的意义与价值,使他们成为这个世界上怀抱理想、实践爱心的人。

而其中,"爱护生命、自我保护"是生命教育中的基础。人的生命是从一个细胞缓慢演化而来的,而且人类真正形成自己文明的时间也不超过一万年。可知,我们的生命来之不易。相对于整个宇宙,人类历史是短暂的,但却创造出了璀璨的文化,我们没有理由不为之骄傲,没有理由不爱护生命并在世上留下自己的足迹。中国部·小学十八年来一直以"感恩生命、欣赏成长"作为培养学生的目标。现在,我们提出"生命自护"这个课题,就是要教育学生:在世界万物中,唯有生命最为珍贵,没有生命就没有一切,失去了生命,就失去了自我,失去了生活的权利。所以,我们要热爱生命。

美视国际学校确立、完善了"生命自护"的管理系统,对学生则进行制度上的、心理上的"生命自护"教育。首先,生命需要一个良好的平台——健康的体魄。学校切实加强体育工作,认真落实每天锻炼一小时的体育目标,创编了七套活力课间操,开展跑步、跳绳等综合运动,让每一个学生都能感受到运动的快乐,从而丰富校园生活,促进学生身心健康和谐发展。每周还有固定两次的教师体育锻炼活动,让教师明白,在这样一个充满激烈竞争、各种各样的信息包围着你的社会里,我们追求发展、渴望成功。但是,没有强健的体魄和健康的心态,我们的追求和渴望也就失去了基础和保障。事业重要,健康重要,心态更重要。

我们现在处于一个竞争激烈的社会,学校也不例外。巨大的生存压力和对成功的渴求以及对发展的希望,让教师和家长往往要付出更多的精力专注在自己的谋生技能和盈利能力上,于是忽略了对孩子心态的关注与教育,忽略了学生健康的心态给学习进步与成功带来的巨大作用。积极的心态是一种精神优势,是无形的力量,会激发我们的主动性、积极性和创造性。当情绪不正常时,意识范围就会缩小,人会丧失理智、减弱能力。情绪具有感染力,积极的情绪促进积极的行为,积极的情绪有利于做出正确的判断。在教育学生的同时,学校教师有着良好的心态就显得更加重要。

因为教师是学生成长路上的"领路人",是学生在知识海洋里遨游时指引方向的"灯塔"。教师面对的是一群在心智及心理方面都不太成熟的青少年,教师的意识形态、思维方式会直接影响到他们的人生观和世界观。如果教师没有健康的心态和渊博的知识,不能在学生的心目中树立威信,那么学生就可能在成长的道路上迷失自我、在知识的海洋里迷失方向。所以,教师也要积极调整自己的心态,做情绪管理的主人。

当所有教师都有了这样的认识之后,我们就有了一个广泛的认知基础,可以全方位、全时段地教育和影响学生:除了固有的体质外,我们要拥有一副健康的身体,就必须坚持锻炼身体,培养良好的生活和学习习惯,保持合理的作息方式,练就达观的心态。

学校在对孩子进行身体健康、心理健康引导的同时,也结合所有的教育资源和教育平台(家庭、学校、社会)强化学生心智,对学生增强风险意识等方面进行各种教育。主要包括以下三点:

1. 主体教育:整合学校教育、家庭教育和社会教育的力量,鼓励、引导学生成为"生命自护"的主体,把教育的过程和学生主动积极地进行自我认知、行为实践的过程统一起来,培养和提高学生的自我教育、自我管理、自我服务、自我发展能力,使学生实现自身的教育利益。

2. 认知教育:根据学生的年龄段与知、情、意、行统一发展的规律,着眼于知行统一,通过学校课堂教学、家庭教育和社会教育等,使学生对"生命自护"的意义、目的、内容、方法等晓之以理,为动之以情、成之以意、固之以行奠定良好的基础。

3. 行为教育:对学生进行"生命自护"教育的同时,同步家长对生命教育的认知。让我们共同认识到:把认识生命、尊重生命、珍爱生命、发展生命落到实处,就是要增强生存意识,保护生存环境,提高生存适应能力、发展能力与创造能力,就是要热爱生活、奋斗生活、幸福生活,树立正确的生命观、生存观和生活观。教师要给学生做出示范、树立榜样,以此来教育学生、感染学生、影响学生。

(二) 全面了解"生命自护"的涵盖范围

根据学生情况,可以将"生命自护"教育所涉类别大致罗列如下:

1. 家庭社区安全教育

(1) 火灾的防范与应急处理

(2) 独自一人在家时的安全措施

(3) 防拐防骗

(4) 常见疾病的预防

(5) 家庭急救

2. 食品安全教育

(1) 有益于青少年成长的食物

(2) 警惕有毒有害的食物

(3) 食物的宜忌搭配

(4) 健康吃喝的方法

(5) 饮食意外发生时的自我急救

(6) 警惕偏食所带来的疾病

3. 交通安全教育

(1) 道路交通安全基本常识

(2) 乘坐交通工具的安全常识

(3) 不同环境下的交通安全须知

(4) 交通事故发生时的应急措施

4. 校园安全教育

(1) 校园事故的常见种类

(2) 校园各类事故的安全防范

(3) 运动安全须知

(4) 运动前的热身准备

(5) 运动时应注意的事项

(6) 运动受伤后的自护自救措施

5. 社会安全教育（意外发生时的自救措施）

(1) 地震

(2) 泥石流

(3) 洪水

(4) 海啸

(5) 雷击

(6) 触电

(7) 缺水

(8) 液化石油气体中毒

(9) 有毒气体泄漏

(10) 集贸市场发生火灾

(11) 娱乐场所发生火灾

(12) 发生拥挤踩踏事件

(13) 恐怖分子劫持

(14) 发布求救信号

6. 网络安全教育

(1) 认识互联网

(2) 远离非法网吧

(3) 学会正确上网

(4) 规范网络行为

(5) 网络病的防治

根据学生的心理、生理特点，教师选择相关的内容构建自护课程，让学生在课程中真正受益。

(三) 理解"生命自护"的外延

"生命自护"教育，最终的目标就是"三生教育"——生命、生存、生活。"生命教育"，让每一位教师和学生认识生命、尊重生命、珍爱生命，关心自己和家人；"生活教育"，提倡珍视生活，了解生活常识，掌握生活技能，养成良好生活习惯，关心他人和集体，树立正确的生活目标；"生存教育"，强调学习生存知识，保护、珍惜生态环境，关心社会和自然，强化生存意志，提高生存的适应能力和创造能力。

1. 通过生命教育，使学生认识人类自然生命、精神生命和社会生命的存在和发展规律，认识个体的自我生命和他人的生命，认识生命的生老病死过程，认识自然界其他物种的生命存在和发展规律，最终树立正确的生命观，领悟生命的价值和意义；要以个体的生命为着眼点，在与自我、他人、自然建立和谐关系的过程中，促进生命的和谐发展。

2. 通过生存教育，使学生认识生存及提高生存能力的意义，树立人与自然、社会和谐发展的正确生存观；帮助学生建立适合个体的生存追求，学会判断和选择正确的生存方式，学会应对生存危机和摆脱生存困境，善待生存挫折，形成一定的劳动能力，能够合法、高效和较好地解决安身立命的问题。

3. 通过生活教育，使学生认识生活的意义，热爱生活，奋斗生活，幸福生活；让学生理解生活是由物质生活和精神生活、个人生活和社会生活、职业生活和公共生活等组成的复合体；帮助学生提高生活能力，培养学生的良好品德和行为习惯，培养学生的爱心和感恩之心，培养学生的社会责任感，形成立足现实、着眼未来的生活追求；教育学生学会正确的生活比较和生活选择，理解生活的真谛，能够处理好学习与休闲、工作与生活的关系。

美视国际学校以"生命自护"为学校德育的抓手，以"三生教育"作为学校德育工作的灵魂，将学校的德育工作涵盖在"三生教育"之中，将学生的教育和师德教育、家庭教育、学校教育、社会教育统筹在"三生教育"概念中，有针对性地、有效地开展德育活动。陶行知认为"生活即教育"，生活教育具有六大特点：生活的、行动的、大众的、前进的、世界的、有历史联系的。所以，学校从教师和学生的走路、吃饭、说话、交往、感恩等日常生活入手，培养学生的生活能力，珍惜生活，珍爱生活，让学生和教师共同成长。

"三生教育"是一个整体，是学校德育未来工作的发展方向。我们要充分认识到三生教育的重要性，把握好"认识生命""感恩生命""表达生命"三者之间的紧密联系，贴近生活，加强情感、加强道德主体实践，让我们的德育目标落地。

（四）构建"生命自护"课程的框架与实施标准

"生命自护"课程是跨学科的综合性活动课程（主要整合少先队活动、道德与法治、生命生活安全、语文、艺术、体育与健康、科学等）。

1. 面向对象：一至六年级的少先队员。

2. 开设时间：间周一次中队课程，低中高段各32次，共计96节次。每月一次大队课程，共计48节次。

第八章 少先队生命自护课程的实施

3. 开设地点

（1）中队活动：以班级教室为主，可以延伸到校园内任何空间。

（2）大队活动：以校内为主，可以延伸到校外（社区、街道、家庭、景区及特殊场所，如消防大队、博物馆等）。

4. 理论基础：以泰勒的课程编制理论为指导，以少先队员核心素养为理论基础，遵循儿童的身心发展规律，坚持螺旋式、阶梯式的内容组织方式。

表 8-1　课程目标与内容（中队主题）

中队	目标	学期主题	单元主题	课时名称	实施方式	课时
低段	以少先队员身体的保护和养护为主，兼顾心灵的健康和思想信念的初步启蒙	生命历程	认识自身	我从哪里来	讲座	2
				身体里的小乐队	讲座	2
			认识众生	多彩的生命	讲座+讨论	2
				珍爱生命	讲座	2
		自护习惯	身体自护	我爱我眼	讲座+眼操	2
				我爱我牙	知识讲座	2
			环境自护	交通安全记心间	视频+讨论	2
				不和陌生人说话	情景剧表扬	2
		突发事件	自然灾害	认识自然灾害	视频+讨论	2
				地震自护小妙招	讲座+演练	2
			校园安全	认识校园环境	参观	2
				文明休息我安全	小组学习讨论	2
		认可集体	悦纳自己	我是独特的宝贝	演讲	2
				数数我的优点	小报	2
			关爱他人	相亲相爱一家人	家庭表演	2
				我爱我的伙伴们	趣味游戏	2

续表

中队	目标	学期主题	单元主题	课时名称	实施方式	课时
中段	以少先队员积极心理的培养为主，强化身体的健康意识，进一步树立正确的理想信念	心理发展	自我意识	我是独特的	写绘＋诗朗诵	2
				相信自己能行	活动	2
			社会交往	当冲突发生时（换位思考）	游戏	2
				言必行，行必果	演讲比赛	2
		健康生活	健康习惯	学习好习惯	讲座	2
				生活好习惯	比赛	2
			智慧生活	合理消费	实践	2
				善用信息资源	讲座	2
		积极心态	快乐学习	做学习的主人	演讲	2
				学习讲方法	讲座	2
			乐观生活	说说心里话	写信	2
				当挫折来临时	作文	2
		公民意识	责任意识	做自己的主人	活动	2
				少先队员的权利	讲座	2
			组织意识	我身边的榜样	讲故事	2
				我们一起来	活动	2

续表

中队	目标	学期主题	单元主题	课时名称	实施方式	课时
高段	以少先队员理想信念树立为主，形成强健的体魄	身份认同	国家认同	祖国的过去、现在、未来	演讲	2
				向英雄致敬	讲故事	2
			组织认同	我为队旗添光彩	小报	1
				党、团、队意识	视频	1
				志愿活动我最行（校内、校外）	实践活动	2
		青春萌芽	身体变化	青春期的生长特点	讲座	2
				保健知识	讲座	2
			心理疏导	做情绪的主人	辩论赛	2
				美的传递	辩论赛	2
		学会生存	劳动光荣	收拾整理好自己的物品	习作	2
				参加社区公益劳动	实践活动	2
			生存技能	做一道美食	习作	2
				家长带孩子野餐	实践活动	2
		危机应对	自我危机	合作快乐多	演讲	2
				我自信，我最棒	演讲	2
			社会危机	夸夸我身边的人	习作	2
				收集整理别人对我的评价	调查表	2

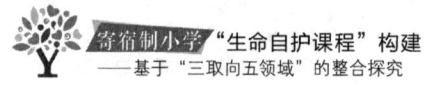

二、少先队（大队、中队）课程实施的模式

（一）课程实施程序

1. 由德育处牵头，教导处统一管理（每周四下午第四节课，教导处统一排课）。
2. 中队的课程主要由中队辅导员负责实施，学科教师参与实施。
3. 大队课程主要由大队辅导员负责，中队辅导员配合实施。德育处和教导处提供支持。
4. 由德育处牵头对课程教师的实施情况进行监督考核（具体考核细则由德育处研制）。
5. 年级组长负责收集各中队活动前的实施方案和实施后的过程性资料，并汇总后上交德育处统一管理。
6. 大队活动实施前和实施后的资料上交德育处。
7. 由德育处面向社会发布该活动的情况，中队辅导员协助。

（二）大队、中队生命自护活动课程"三报两评三行"活动开展模式

1. 引导低段学生初步建立"生命"与"自护"的概念，围绕"了解自己"开展活动。
2. 帮助中段学生多样表达感恩"生命"，基本做到以"生命自护"为目标，围绕"由己及人"开展活动。
3. 支持高段学生自主设计"生命自护"的主题与方案，并指导学生做好活动评估。

活动开展如下：

表 8-2　生命自护课程大队主题活动实施情况（一）

大主题	生命的力量	必修/选修	必修	执行团队	德育处大队部	实施时间	10月13日
小主题	大队活动——队旗飘飘心向党（10.13建队日）					实施场域	学校小操场
目标取向：身体、心理、劳动、信念、创新	1. 基于身体成长，用诗歌来表现和激励队员的思想成长 2. 一年级新生建队，分批入队；二至六年级庆队 3. 新大队委戴标仪式 4. 增强队员的光荣感与自豪感						
准备	1. 德育处大队部：少先队基本知识、队旗、队标、红领巾等 2. 大队委掌握少先队基本知识 3. 新生队前教育						
过程（必修）	大队活动仪式： 1. 以中队为单位整队 2. 奏《出旗曲》，敬队礼，出大队旗，唱队歌 3. 大队辅导员宣布活动开始，各中队依次呼号 活动流程： 1. 出队旗，唱队歌 2. 大队辅导员宣布活动开始，各中队依次呼号 3. 新大队委授标，大队委代表发言，大队委宣誓 4. 新少先队员佩戴红领巾，新少先队员代表发言，新少先队员宣誓 5. 集体诗朗诵《中国少年说》选段 6. 奏《退旗曲》，敬队礼，退旗						
活动反思	优点： 1. 活动组织有序、少先队员和中队辅导员着装整齐 2. 活动按流程顺利完成，准备工作充分 3. 少先队员在活动中朝气蓬勃，积极向上 不足： 1. 活动中欠缺中队旗（旗杆），需补充 2. 中队呼号应是接龙式，活动结束应全体呼号 3. 大队委宣誓应声音洪亮						
资料留痕	活动方案、照片、微信稿、视频、评价记录等						

表 8-3　生命自护课程大队主题活动实施情况（二）

大主题	生命自护行	必修/选修	必修	执行团队	德育处大队部	实施时间	11月26日
小主题	安全与健康——生命安全教育实践活动					实施场域	即刻反应·生命安全教育基地
目标（取向：身体、心理、劳动、信念、创新）	1. 行是知之始，知是行之成，学生走出校园，探索生命自护的奥秘 2. 优秀习惯的培养：乘车文明，参观文明，认真聆听讲解与参与活动，保持场地的清洁卫生 3. 学习成长中必备的安全知识和技能，勇于担当，不惧挫折							
准备	1. 与主办方前期沟通协调活动相关事宜，做好安全预案 2. 安排活动当天的流程，教师人员的安排 3. 学生完成"生命安全教育活动前置手册"							
过程（必修）	生命安全课堂： 1. 参观"生命安全课堂"展厅 2. 认识交通标志，体验地震、泥石流，学会用电安全 消防技能我知道： 1. 认识消防器材 2. 学习消防知识和绳结的打法 剧场安全讲座： 1. 观看"生命与安全"小常识 2. 食品安全、校园防欺凌、防溺水等影片的学习 医疗救护演练： 1. 观看"新冠病毒"有关知识 2. 学习两种包扎的方法 灭火演练： 1. 认识灭火装备 2. 观看教官叔叔灭火，知道了灭火器的使用步骤有四步：摇、拔、按、压							
活动反思	优点： 1. 孩子们在车上能保持纪律，车内清洁卫生来回都很好，优秀的习惯处处留 2. 全校所有班级到达后，参观、学习时安静有序，有礼貌，听从带队教师的指挥 3. 参与活动时，孩子们听得很认真，积极举手回答问题，在电视台采访时大方展示出中国部·小学的风采							

第八章 少先队生命自护课程的实施

续表

大主题	生命自护行	必修/选修	必修	执行团队	德育处大队部	实施时间	11月26日
	4. 一至三年级的孩子们文明就餐，学会了在别人夹菜时，自己不能转桌盘，等待他人夹好菜后，才能行动。为弟弟妹妹们点赞 5. 高年级的哥哥姐姐主动捡拾地面垃圾。离开活动地点时，整个场地干净如初。你们真的很棒 不足： 1. 个别孩子在就餐时没有做到安静、文明，特别提示高年级的哥哥姐姐要做到"食不语" 2. 低年级的小朋友注意不能随便丢垃圾哦，地球是我家，爱护靠大家 3. 有的孩子在参与活动过程中不够认真和投入，希望在以后的活动里能积极投入学习							
资料留痕	活动方案、照片、微信稿、视频、评价记录等							

一至六年级各中队生命自护课程活动实施情况

表8-4　2020—2021学年上期（一）年级组生命自护课程实施情况

大主题	单元主题	课时名称	内容（关键短语即可）	常规课	资料准备	协作学科
生命历程		认识少先队	少先队知识简介、戴红领巾、敬队礼、唱队歌	9月		
	认识自身	我从哪里来	绘本学习《我是怎样来的》；视频欣赏《奇妙的生命形成》《孕妈妈们的故事》	10月	李枥舟	
		身体里的小乐队	读儿歌《我的身体》；认识身体的部位；小游戏——指身体看谁反应快；生活中我们应该怎样对待身体有残疾的人	10月	李枥舟	英语
	认识众生	多彩的生命	多彩的生命；多彩的植物世界；多彩的动物世界；各种生命力之间的联系	12月	李枥舟	美术科学
		珍爱生命	小品《放学路上》；小知识"来自身边的隐患"；消防知识抢答；教师总结	12月	朱璐莹	

续表

大主题	单元主题	课时名称	内容（关键短语即可）	常规课	资料准备	协作学科
自护习惯	身体自护	我爱我眼	测测视力；为什么会近视；预防近视的措施	11月	朱璐莹	语文
		我爱我牙	我们的"爱牙日"；认识牙齿；牙齿生病给我们带来哪些不便；我们应该怎么保护自己的牙齿	11月	朱璐莹	
	环境自护	交通安全记心间	你会走路吗；你会坐车吗；认识交通标志；身边的不遵守交通规则的行为	1月	杨洪伟	语文
		不要和陌生人说话	遇到不认识的人和你说话该怎么办；坏人骗局大揭秘；危险地方不要去	1月	杨洪伟	

表8-5　2020—2021学年上期（二）年级组生命自护课程实施情况

大主题	单元主题	课时名称	内容（关键短语即可）	常规课	资料准备	协作学科
		中队活动仪式训练	少先队知识简介、戴红领巾、敬队礼、唱队歌、出旗、退旗、呼号等	9月		
生命历程	认识自身	我从哪里来	看视频《小威向前冲》《胎儿的成长》；孕期准妈妈到校分享孕期"甜蜜的烦恼"；合唱并手语表演《感恩的心》	10月	祝红彤	音乐美术
		身体里的小乐队	邀请医生为孩子讲解身体主要内脏的位置、形状、作用及正常工作时发出的声音；描画"人体内脏图"	10月	祝红彤	音乐美术
	认识众生	多彩的生命	认识校园里的动植物，并完成画作《美丽的校园》	11月	王　翼	综合实践美术
		珍爱生命	游泳注意事项；落水时如何自救；溺水的急救方法	11月	王　翼	综合实践

续表

大主题	单元主题	课时名称	内容（关键短语即可）	常规课	资料准备	协作学科
自护习惯	身体自护	我爱我眼	人眼的构造及工作原理；护眼小妙招	12月	祝红彤	英语
		我爱我牙	你有几颗牙？牙的作用；刷牙的正确方法；护牙问答	12月	王翼	
	环境自护	交通安全记心间	认识常见的交通标志；乘车礼仪；读、唱、跳马路安全儿歌	1月	陈陶梅	音乐美术
		不和陌生人说话	听安全故事《聪明的皮皮猴》，讨论：应如何对待陌生人；根据情景判断对错；学唱安全儿歌	1月	陈陶梅	音乐

表8-6 2020—2021学年上期（三）年级组生命自护课程实施情况

大主题	单元主题	课时名称	内容（关键短语即可）	常规课	资料准备	协作学科
		中队活动仪式训练	少先队知识简介、戴红领巾、敬队礼、唱队歌、出旗	9月		
心理发展	自我意识	我是独特的	我的自画像；五问我是谁；作文分享《猜猜他是谁》；情景表演——我就是独特的我	10月	李晓兰	美术
		相信自己我能行	故事大王分享自信的故事；联系实际培养自信；自信展示；拓展阅读	10月	李桂芝	音乐
	社会交往	言必行，行必果	视频播放诚信小故事；联系生活实际谈诚信；诗朗诵《相约诚信》	12月	李桂芝	综合实践
		团结就是力量	游戏揭题《紧急脱险》；活动开展——语言接力赛；联系生活，升华主题	12月	李晓兰	

续表

大主题	单元主题	课时名称	内容（关键短语即可）	常规课	资料准备	协作学科
健康生活	健康习惯	学习好习惯	培养能干的学生主持人；全班观察、了解良好的学习习惯有哪些；对于不良的行为习惯有什么好方法克服；学习好习惯儿歌朗读	11月	苟琼	英语
		生活好习惯	生活好习惯有哪些；养成好习惯的重要性；培养好习惯的方法	11月	苟琼	
	智慧生活	钱去哪儿了——合理使用压岁钱	小品《钱去哪儿了》；视频看故事，评价；理财绘本分享	1月	李桂芝	数学
		善用信息资源	歌唱网络歌曲，欣赏网络视频导入；小品《同学李四是网虫》，思考讨论网络带来了哪些不利影响，如何正确使用；深化主题畅想《网络的明天》；总结	1月	苟琼	信息

表8-7　2020—2021学年上期（四）年级组生命自护课程实施情况

大主题	单元主题	小主题	时间	主要内容（关键词）	资料收集	协作学科
积极心态	快乐学习	认识少先队生命自护课程	9月	如何正确地佩戴红领巾；敬队礼；唱队歌；中队小干部选拔；少先队活动仪式训练	乔晓星	语文 道德与法治
		认识少先队				
		做学习的主人	10月	学习中的困难与挑战；战胜学习中的困难；认识自己的学习风格；学习方法很重要	周艳	语文 体育
		学习讲方法				
	乐观生活	学会正确的表达	11月	学会正确的表达方式；学习健康的心理素质；心胸宽广、学会欣赏、换位思考、宽以待人；各小队完成"我们的约定"	邹学连	语文 道德与法治
		小学生心理健康				
		说说心里话	12月	××，我想告诉你；认识挫折心理	邹学连	音乐
		正确认识挫折				
		乐观面对挫折	1月	学习面对挫折的方法	乔晓星	音乐

表 8-8 2020—2021 学年上期（五）年级组生命自护课程实施情况

大主题	单元主题	课时名称	内容（关键短语即可）	常规课	资料准备	协作学科
		中队活动仪式训练	少先队知识简介、戴红领巾、敬队礼、唱队歌、出旗	9月		数学
身体变化	青春期的生长特点	男生青春期的生长特点	男生生理有哪些变化，对这些变化的困惑；讲座《男生生理发育、心理变化》；谈自己的收获	10月	蒋晓林	体育
		女生青春期的生长特点	女生生理有哪些变化，对这些变化的困惑；讲座《女生生理发育、心理变化》；谈自己的收获	10月	扈国娟	体育
	青春期的保健知识	男生青春期的保健知识	调查：如何做好青春期的保健工作？讲座《男生青春期的保健知识》；谈自己的收获；我的自画像	11月	黄艳	体育 英语 美术
		女生青春期的保健知识	调查：如何做好青春期的保健工作？讲座《女生青春期的保健知识》；谈自己的收获；我的自画像	11月	蒋晓林	体育 美术
心理疏导	做情绪的主人	做情绪的主人准备	讨论：生活中你有哪些情绪？对于这些情绪，你是怎样处理的？有什么困惑？	12月	扈国娟	心理
		情绪的分类及控制	讲座《情绪的分类和控制方法》；视频《校园欺凌》；总结，谈自己的收获，学会控制自己的情绪	12月	黄艳	
	美的传递	分小组讨论如何传递"美"	讨论：生活中你见过哪些美？美有哪些类型？如何展现自己的美？	1月	蒋晓林	
		美的分类及表现	着装美、仪态美、行为美、心灵美；总结，谈自己的收获，多种方式传递正能	1月	扈国娟	心理 英语

表 8-9　2020—2021 学年上期（六）年级组生命自护课程实施情况

大主题	单元主题	课时名称	内容（关键短语即可）	常规课	资料准备	协作学科
身份认同		中队活动仪式训练	少先队知识简介、戴红领巾、敬队礼、唱队歌、出旗	9月		
	国家认同	祖国的过去、现在、未来	了解中国的历史；撰写演讲初稿；小组初赛；中队决赛	10月	田青	信息
		向英雄致敬	收集关于英雄的资料；撰写英雄小故事；小队比赛；中队决赛	10月	庞姣娇	信息
	组织认同	我为队旗添光彩	了解少先队发展史；收集少先队资料；创办小报	12月	庞姣娇	美术信息
		党团队意识（我心中的少先队）	认识少先队员的责任；自述少先队员的责任；在中队进行分享	12月	周开蓉	语文
学会生存	劳动光荣	收拾整理好自己的物品	了解物品整理带来的便利；收纳的好方法分享；小队收纳比赛；落实于寝室和教室的收纳整理	11月	庞姣娇	英语数学体育
		参加社区公益劳动	了解公益活动的意义；代表讲述自己参与的公益活动（展示PPT）；队员分享对公益活动的感受；组织参与一次公益活动	1月	周开蓉	体育数学音乐英语
危机应对	社会危机	夸夸我们身边的人	引入班级事例；谈体会；多说良言，少说恶语；体会语言的魅力	1月	周开蓉	语文
		做情绪的主人	认识情绪；了解控制情绪的重要性；掌握控制情绪的方法；做情绪的主人	12月	田青	音乐体育数学

三、现阶段课程实施的情况

表 8-10　省课题培训情况一览

次数	时间	培训主题与内容	参培教师
1	5月	线上进行省级课题申报的论证指导	主研人员
1	7月6日	省课题开题指导会	全体教师
1	7月6日—8日	专家指导培训，制定课程标准	主研人员、评估主管刘永凯、年级组长、教研组长
1	8月25日	专家到校指导培训，制定各中队"生命自护"活动方案	主研人员、评估主管刘永凯、年级组长、教研组长
1	8月29日	古雪、易巾晶老师对全校教师进行校内培训	全体教师
6	9月	各年级组长进行班主任培训并制订教育科研计划	全体班主任
1	9月29日	专家到校指导培训；周艳老师呈现中队课；各中队辅导员进行九月工作进展汇报；制定专著目录	主研人员、全体班主任
1	10月	队的仪式培训	大队辅导员和中队辅导员
6	10月	专著各章节提纲撰写负责人开小会讨论交流	各章节参与人员
6	11月	专著各章节内容撰写负责人开小会讨论交流	各章节参与人员
1	11月11日	专家到校指导培训；陈陶梅老师呈现中队课；专家对专著撰写《寄宿制小学"生命自护课程"构建——基于"三取向五领域"的整合探究》的提纲进行指导	主研人员、全体班主任
1	11月20日	儿童院前急救高级讲师文溢老师到校，以"生命自护安全急救"为主题，进行了教师培训	全体教师
		共 27 次	

表 8-11　少先队中队生命自护课程行动一览

次数	大队活动		
	必修	选修	
1	"红旗飘飘心向党"建队日系列活动		
3		队前教育	
12		每周小干部培训会	
12		每周安全自护小结	
1	少先队生命自护课程研学体验		
1	研学前置课程		
共 30 次			

表 8-12　少先队中队生命自护课程行动一览

次数	中队活动		
	常态课时	专题	
216	各中队每周一次		
18		少先队仪式教育	
18		10月大队活动前置课程：感恩父母	
18		10月大队活动前置课程：我爱你，祖国	
6		手牵手关爱行动	
共 276 班/次			

四、现阶段课程实施遇到的问题以及调整的方向

在现阶段课程实施中,全校自上而下通力合作,从前置课程的准备到活动实施,再到活动完毕后进行评价反思与总结,有很强的系统性和可操作性,形成了一系列完整的资料和评价标准。但是,我们仍然遇到了这样一些问题:

1. 中队活动议程不够熟练,学生的出旗、退旗、敬队礼、唱队歌,以及红领巾的佩戴都还须加强训练,以趋于规范。

2. 学生参与的严肃性需要提高,在活动中的自律性还应加强。

3. 活动课时容量大、内容多,有时候未在规定时间内完成相关工作。合理制定短期或微型目标应该成为项目负责人的重要关注点。

4. 活动中,大部分孩子都踊跃地参与才艺表演,热情度和积极性都不错,但也有未被选中的孩子表现出负面情绪,个别学生出现"事不关己"的状态,参与度不高。

5. 就此课题还应该和家长进行更多的沟通,达成共识。

第三节 学生层面:少先队生命自护课程实施的主体

儿童的生命安全和身心健康发展受到社会各界的广泛关注,如何让儿童快乐、健康、安全地学习成长成为当前学校教育实践的一个重要命题。我们学部的此项课题研究,就是希望立足儿童成长的需求,将生命教育内涵融入孩子校园生长的常态中,帮助孩子形成四项关键能力:认知能力、合作能力、创新能力与职业能力。因此,生命自护活动课程的研究成为我校在学生生命、生存教育上的生长点。

我们从以下三个方面进行思考与研究:

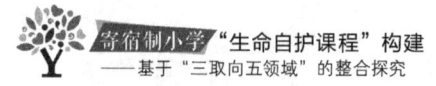

一、主体意识

近年来有一句话常用于彰显学生在学习成长中的主体作用——"让儿童站在正中央"。我们的理解是，在真实的教育过程中，关注孩子的个体发展以及在群体成长中的样态，并适时干预激发其正面应激的主动性，进而促使其形成相关能力。因此，在课题研究中，我们希望通过少先队活动课程，让孩子对自己所处的环境产生"主体意识"，并以此作为一切行动的根本前提。在实践中，我们发现，直接影响少先队员发挥其主体性的要素体现在自主性、能动性与创造性这三个要素中。于是，结合生命自护活动课程的探究，我们将这些要素融入以下两个关键词：身份认同；明确责任。

（一）身份认同

从家里的"独苗苗"到班级中的"一个"，对于儿童来说，心理接受上是有落差的。我们发现，在低段儿童身上体现为"落差"人数较多，个体表现形式多样；在中高段，外显的"落差"人数逐步降低，个体表现复杂性却增强了。从学生个体与中队成长的观察中，我们看到在追求"个体身份"意识上会有认知变化，而且随着年龄增长，个体身份认同上呈现复杂性与多样性。而从学生个案中，我们了解到儿童的身份认同感决定了他们的成长表达，直接影响其在生命成长中的质量。

少先队生命自护课程的实施，从低到高学段都逐步渗透"身份认同"的意识：帮助学生认识自己、认识身边的人；认识身处什么环境；学会在群体中与人合作交流；学会认识社会、认识世界，进而初步形成个人的观点与信念。

（二）明确责任

在学生认识自己，并具备身份认同意识的同时，他会感受到一定的消极或者积极的力量。而这些力量，我们解读为"压力与动力"。如何帮助学生找寻动力，释放压力或者适度利用压力完成自我管理能力的提升？基于这样的思考，我们在课题研究中，将学生真实场景进行还原，在生命自护活动课程中，让学生增强体验感与代入感，明白自己能承受的那部分压力与自己的责任相关，明确责任边界，积极寻找适宜的方法，将"压力"转化为"动力"，并在活动中更新自身的知识体系，帮助自己更好地履行责任。这是我们进行课程设计时期望达到的效果。

二、主体行动

在本课题研究中，每个学生的身份都是少先队员，每个少先队员不仅要做"好孩子"，更要力争成为"红孩子"。这是少先队阵地建设的重要意义。于是，我们提供给队员们在大队、中队、小队不同群体中成长锻炼的机会，让他们意识到自己的主体作用，并承担相应的主体责任。

（一）中队组织内的行动——学会"合作"

中队组织是学校少先队组织架构中的重要"单元"，队员是中队组织中的重要个体"细胞"。在具体的目标设定后，中队辅导员会将任务分解到不同小队，而各小队在队长的带领下，进行分工合作，互相帮助。行动的过程与效果，会由中队长组织队员们进行反思与评估，并提出建议与意见。在这样规范的群体规则下，每个队员的行动是明确的，与同龄人之间的交流合作很直接，得到的反馈也很及时。这样，有助于学生从活动中形成相应的认知能力与合作能力。

（二）个体行动——学会"责任""创造"

少先队生命自护课程由课内完成，也有课外、校外进行的前置课程，或者后续行动。通常意义上，离开教师监护、同伴督促的氛围，学生个体的行动力就会出现较大的差异，行动效果平均值比较低。基于这样的情况，我们在课题行动中关注学生承担任务的"责权利"：学生在该项任务中的职责是明晰的，独立承担相应责任，与行动效果评估直接挂钩；该项任务有效完成后，有对应责任人的奖励就会落实在具体个人身上。为了鼓励学生的行动，辅导员会动员学习社区的成员（如孩子的父母、亲属等）

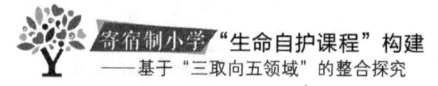

不同程度地支持该学生的行动。在过程中，学生得到的关注度与行动成果有相关性。最重要的是，个体在独立承担并实施任务的过程中，体会到了"这是属于我的"主体责任意识。而当他很好地完成任务后，正向的激励会成为他个体成长中最有利的动力。

（三）社会实践中的行动——学会"生存"

在构建生命自护课程的活动中，我们重视自然环境与社会环境对孩子生命成长的影响。我们也很关注学生在校内的课程活动中逐步形成的意识与能力，在真实的生活中，又会是怎样操作的呢？

少先队生命自护活动中，不同主题里都有对应的社会实践要求，我们推动孩子应对这样的挑战：交流的群体变化；任务实施的难度变化；任务的结果可能会失败……从我们收集到的学生实践反馈，以及社区反馈中，可以看到，80％的孩子能比较主动地运用活动中学到的技能解决实施中的问题（或者大部分问题）；15％的孩子能主动地、创造性地运用适宜的方法应对挑战并取得较好的成果；10％的孩子则无法适应外在因素的变化而放弃任务或者消极完成部分任务。这些情况，为我们的课题研究提供了很好的思考与活动设计点。我们开始构思并尝试，针对学生能力差异而提供不同层次的训练任务作为社会实践的内容。我们更鼓励孩子们在体现自己的主体作用的过程中，发挥创造力，示范并帮助同伴。这样的社会实践，得到家校学习社区的赞同与大力支持。因为学习者们都意识到，相同任务中呈现的差异，体现的是学生面对未知的应对能力，即生存能力；不同任务的训练点，体现的是有针对性的个体能力的加强与提升，即为培养学生生存能力而搭建的成长台阶。

三、主体反思与成长

为了更好地推动课题研究的实施，我们在研究活动主体——学生这个角度时，不能忽略评估对学生成长的意义。评估的方式有很多，但其终极目的是促进学生的发展，唤醒他们对自己成长的认识，激励他们为具备个人关键能力而付出努力，鼓舞他们应对一切可能改变的因素与条件，从而找到适宜自己的表达方式，找到解决问题的方法，承担改变带来的一定风险。而这些是我们在活动过程中设置反思评估表或者反馈问卷的目的。

例如：在自我保护主题中，关于交通安全这个话题，我们在中队活动过程中让孩子们梳理了自己的感受与变化。

（一）活动中反思表

表 8-13　活动中反思表

	活动前	活动现阶段
我对本次活动有哪些了解，我认识到		
对比他人与自己的准备情况，看活动效果		
我的结论		

在中队活动之后，请孩子们就自己参与的状态进行对比，帮助孩子明确自己的主体意识，明晰主体责任，寻找更适宜自己的行动方式。

（二）活动后反思表

表 8-14　活动后反思表

	活动前	活动后
对比自己活动前后在认识与态度上的变化		
我认为自己行动中最满意的地方（协作、表达、行动力）		
我觉得活动方案可以改进的地方		

同一主题下，这项活动再扩展到社会实践的场景中，锻炼队员们的学习能力、合作能力与创造力，并帮助他们形成自己的"生命安全"认知体系。

（三）在社会实践中的行动表

表8-15　在社会实践中的行动表

活动地点：

	行动方案设计
确定自己的目标（预判达成效果）	
分解自己的行动（列明步骤）	
我需要做的准备以及需要什么样的帮助（物资与支持、同伴）	
行动结果的呈现形式	

后 记

成都美视国际学校是一所省教育厅批准的国际学校，以寄宿制为主的12年一贯制学校。2002年建校初，学校以"兼容并蓄　整合创新　科学育人"为办学理念，以"培养具有中国灵魂与国际视野的学习者"为培养目标。在这期间，随着学校的发展，中国部·小学基于国际教育背景与中国国家课程标准的探索，从初建"每一朵花都有属于自己的春光"的"开放、包容、多元"教育理念，形成"问题即课题"的"科学、务实"的教育教学风格。

正是在这样的教学风格下，很长一段时间以来，校级小课题的研究在校内开展得有声有色，不仅丰富了各学科的教育内涵，也为教师科研能力的发展奠定了良好的基础。从那时起，我们就开始将"生命自护课程该如何构建"作为校本课程中一项重要内容。

2017年9月，中国部·小学明确提炼出"和融教育"作为学部教育品牌。

"和融教育"的文化基因：感恩生命、欣赏成长；

教育愿景（培养目标）：谦谦君子，和而不同；莘莘学子，融会贯通。

根据教基二〔2014〕4号《教育部关于全面深化课程改革落实立德树人根本任务的意见》，中国部·小学结合学校实际，将国标课程进行重新归类、分层设置，建立了"和融教育"的"六大课程"体系，其中，德育课程以"诗书礼乐"将国际理解与中国传统相融合，诠释教育的厚度；家校课程以"契约精神"为根基，倡导家长适宜的陪伴，共建共享教育的温度。而"生命自护课程的构建"的前期规划也在逐步成体系的德育和家校课程中展开。

5年前，我们开始了更为规范的课题研究，区级课题《寄宿制背景下培养小学生自我管理能力的实践研究》的研究成果在市级、省级都获得了

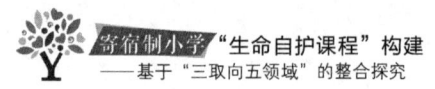

令人满意的成绩,也培养了一批优秀的研究型教师,并为学校的德育、家校课程建设做出了积极的贡献,也为校本生命自护课程研究成体系提供了扎实的理论保障。

为了进一步提升学校课程建设的品牌,夯实教育科研能力,让校本生命自护课程更具有影响力,我们申报了省级课题《少先队生命自护课程的构建与实施策略研究》,并被四川省教育厅予以立项。

新的学习征程就此开始。在杨其勇(成都师范学院教务处副处长、副教授、博士后)、晏祥辉(原四川团省委少年部副部长、博士、成都师范学院副教授)、谢丽莎(成都师范学院副教授)、姚翠薇(成都师范学院副教授)等专家的定期指导下,从课题开题指导,到《少先队生命自护课程标准》的制定与实施,再到各类研究活动的呈现与反思,我们结合前次课题《寄宿制背景下培养小学生自我管理能力的实践研究》的研究成果,基于"三取向五领域"的整合探索,对寄宿制小学"生命自护课程"构建有了更加理性的思考,并合作完成了本书。

中国部·小学纪岚校长,是本课题的负责人,和张晓兰副校长合作完成了本书第八章的撰写,就我校少先队生命自护课程的实施进行了深入的诠释;一直扎根教育科研第一线的德育主任古雪和教导主任易巾晶带领着大队辅导员张甜和语文、数学、英语、科任学科组长:扈国娟、杨洪伟、乔晓星、温菱合作完成了第一章、第六章和第七章的撰写,追溯到问题的背景、概念的厘定、研究的价值等,并完整地陈述了少先队生命自护课程的目标及内容体系;拓展课程主管王婷和大队辅导员秦胤合作完成了第五章的撰写,阐明了少先队生命自护课程的理念;年级组长李枥舟、语文教师陈陶梅和英语教师王翼合作完成了第二章的撰写,回顾与反思了生命教育研究与实践;教务主管牟六洪、年级组长李晓兰和周艳合作完成了第三章的撰写,分析了中小学开展生命教育的现实路径;语文组长扈国娟、数学教师陈海艳、语文教师黄艳合作完成了第四章的撰写,阐释了生命自护课程的取向与领域。

后续,我们团队的老师将继续深耕,扎实研究,完善少先队生命自护课程的评价模式,并借助数据表征的测评报告等工具来呈现影响与效果。

古 雪

2021年3月

参考文献

[1] 叶澜. 让课堂焕发出生命活力——论中小学教学改革的深化 [J]. 教育研究, 1997 (9): 3—8.

[2] 王北生, 赵云红. 从焦虑、视角探寻与解读生命教育 [J]. 中国教育学刊, 2002 (4): 19.

[3] 李萍. 生命教育的本体及其三个维度 [M]. 北京: 中华书局, 1991.

[4] 刘慧. 生命道德教育 [D]. 南京: 南京师范大学, 2002.

[5] 王学风. 台湾中小学的生命教育 [J]. 现代中小学教育, 2002.

[6] 王万玉. 关注生命 [D]. 开封: 河南大学, 2003.

[7] 许世平. 生命教育及层次分析 [J]. 中国教育学刊, 2002 (4): 5—8.

[8] 张振成. 生命教育的本质与实施 [J]. 上海教育科研, 2002 (10).

[9] 彭爱波. 台湾地区学校的生命教育及对我们的启示 [J]. 中小学管理, 2003 (7): 53—54.

[10] 张美云. 生命教育 [D]. 武汉: 华中师范大学, 2003.

[11] 赵云红. 生命与焦虑 [D]. 开封. 河南大学, 2003.

[12] 郑崇珍. 生命教育的目标与策略 [J]. 上海教育科研, 2002 (10): 7—8.

[13] 冯建军. 生命教育: 引导学生走好人生之路 [J]. 思想理论教育, 2003 (6): 29—32.

[14] 罗楚春. 生命教育的研究与探索 [J]. 中国教育学刊, 2004 (12): 8—11, 15.

[15] 孙效智. 台湾学者谈生命教育 [J]. 福建论坛, 2005 (9): 9.

[16] 钱永镇. 校园推动生命教育的具体做法 [J]. 上海教育科研, 2002 (10): 9—13.

[17] 廖晓萍, 程玲. 学前教育阶段开展"幼儿生命教育项目活动"初探——以浙江大学华家池幼儿园的实践为例 [J]. 思想理论教育, 2008 (4).

[18] 吴增强, 高国希. 上海市中小学生生命教育研究 [M]. 上海: 上海教育出版社, 2007: 209—211.

[19] 陈晶. 关于大学生生命教育的意义、内容和方法的新探究 [J]. 广东工业大学学报（社会科学版）, 2004 (4): 63—65.

[20] 冯建军. 生命教育的内涵与实施 [J]. 思想理论教育, 2006 (11).

[21] 任丽平. 论大学生生命教育 [J]. 绵阳师范学院学报, 2004 (4): 93—96.

[22] 黄希庭, 张志杰. 青少年时间管理倾向量表的编制 [J]. 心理学报, 2001 (4): 338—343.

[23] 余洁, 李可亭, 王警可, 凌爱群. 基于马斯洛需求层次论的大学新生适应性团体心理辅导方案设计 [J]. 校园心理, 2013, 11 (4): 273—275.